選手

PROLOGUE

광대로 오해받은 천재 그리주

팀보다 위대한 선수는 없다지만, 한 클럽과 동의어가 되는 '레전드'는 분명 존재한다. 스페인의 수도 마드리드를 연고로 하는 아틀레티코 마드리드는 '갈락티코' 정책으로 대표되는 레알 마드리드의 대척점에 있는 팀으로 여겨지지만, 아이러니하게도 아틀레티코의 최대 황금기를 만든 주역들은 외국인이다. 아르헨티나 출신 디에고 시메오네 감독이 아틀레티코 마드리드를 대표하는 감독이라면, '절대적' 에이스는 프랑스 출신의 앙투안 그리즈만이다. 흥미로운 점은 그리즈만이 유소년 시절 프랑스에서 그 재능을 인정받지 못해 스페인에서 성장하고 만개한 '반 스페인 선수'라는 점이다. 아틀레티코가 레알 마드리드와 FC 바르셀로나의 양강 체제를 깨트리며 라리가의 '빅3'로 자리매김하던 시기, '삼대장'으로 꼽힌 선수는 크리스티아누 호날두와 리오넬 메시, 그리고 그리즈만이었다. 아틀레티코의 리더인 그리즈만은 자신만만한 호날두, 과묵한 성격의 메시와는 다르게 장난기 어린 매력을 보여주면서 천재이자 광대라는 수식어로 자신만의 색깔을 구축했다. 그리즈만은 메시와 함께 뛰기 위해 바르셀로나로 이적했지만, 이는 오히려 커리어에 오점으로 남게 되었고, 아틀레티코 팬들의 비난을 받기도 했다. 그러나 다시 친정팀 아틀레티코로 돌아온 후에는 오로지 경기력으로 보답하며 다시금 '레전드'의 지위를 되찾았다. 고국 프랑스에서도 마찬가지다. 유년기에 프랑스 유수 명문 클럽의 선택을 받지 못해 스페인으로 향했던 그리즈만은 프랑스 대표팀의 유로 2016 준우승, 2018 러시아 월드컵 우승 및 2022 카타르 월드컵 준우승 과정에서 중심적인 역할을 했고, 지단의 별명 '지주ZIZOU'에서 기원한 '그리주GRIZOU'로 불리며 많은 사랑을 받았다. 그리즈만의 커리어에는 어느 하나 쉬운 일이 없었다. 하지만 그는 늘 환한 미소와 아이 같은 장난기, 그리고 창의적이면서도 전투적인 플레이를 통해 세계 축구사에 자신의 족적을 분명히 남겼다. 그리즈만은 '제2의 누군가'로 불리지 않으며, '제2의 그리즈만'으로 불릴 만한 선수도 보이지 않는다. 그만큼 그는 개성 넘치는 커리어와 흥미로운 서사를 쌓아왔다. 지금, 황혼기를 맞은 시점에 '라리가의 왕'이라 불리며 마지막 불꽃을 발하고 있는 그리즈만의 이야기를 소개한다.

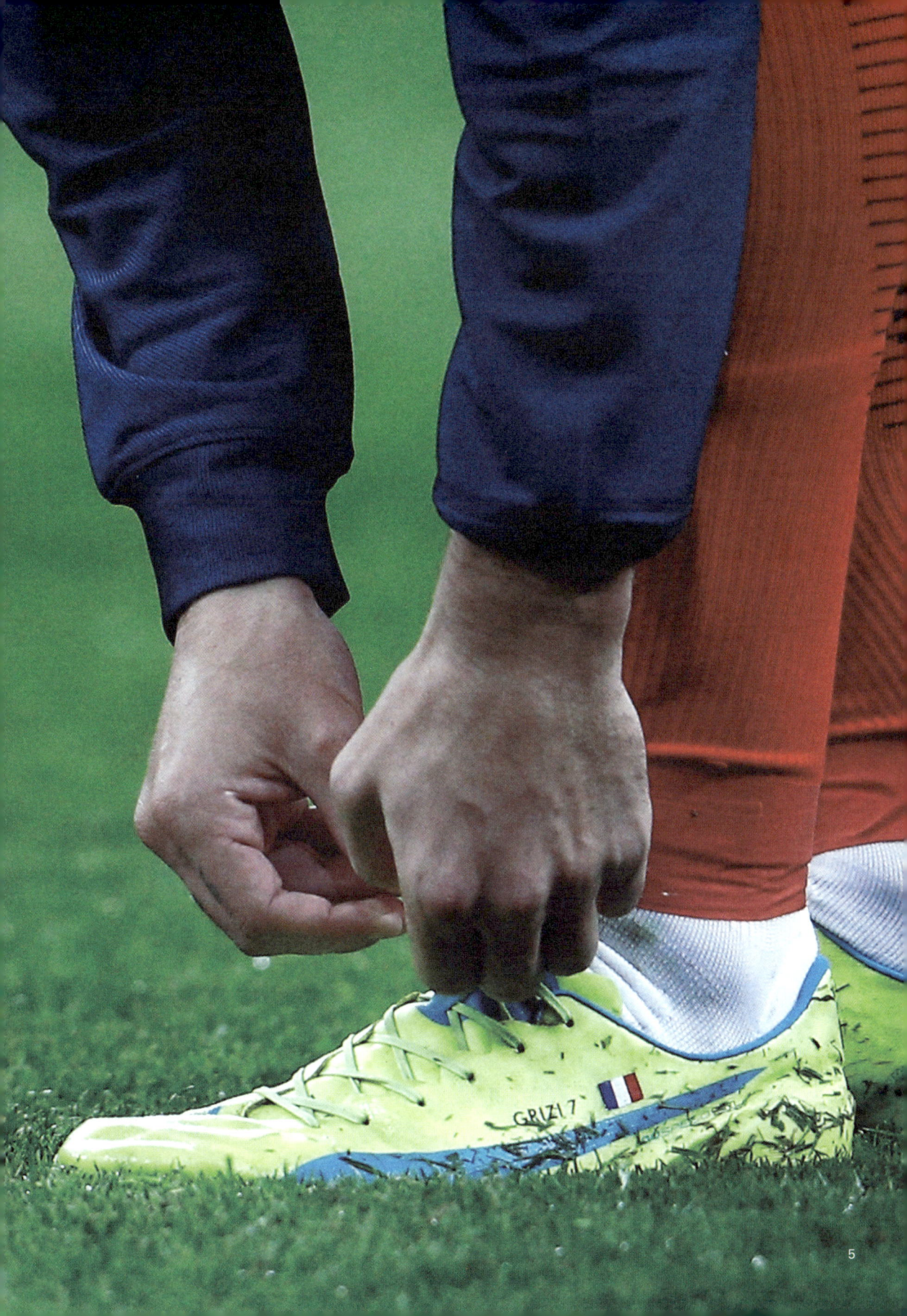

REAL SOCIEDAD
2009-2010 세군다 디비시온 우승 1회

ATLETICO MADRID
2014 수페르코파 데 에스파냐 우승 1회
2018-19 UEFA 유로파리그 우승 1회
2018 UEFA 슈퍼컵 우승 1회

FC BARCELONA
2020-21 코파델레이 우승 1회

NATIONAL TEAM
2010 UEFA 유럽 19세 이하 챔피언십 우승
2018 러시아 월드컵 우승
2020-21 UEFA 네이션스리그 우승

PERSONAL
2016, 2018 발롱도르 3위 2회
2015-16 라리가 올해의 선수 1회
2022-23 라리가 도움왕 1회
2017-18 유로파리그 올해의 선수
2016 유로2016 MVP 및 득점왕
2016 프랑스 올해의 선수
2018 러시아 월드컵 실버부트 및 브론즈볼
2022 카타르 월드컵 도움왕

2005 — 레알 소시에다드 유소년 팀 입단
리옹, 생테티엔 프랑스 유수의 명문 클럽 유소년 팀 입단 테스트에서 체구가 작다고 탈락했지만, 프랑스와 접경 지역인 스페인 바스크 지역의 레알 소시에다드의 제안을 받아 유소년 시절에 스페인으로 이주했다.

2009 — 레알 소시에다드 1군 발탁
소시에다드 유소년 팀 선수였던 18세 그리즈만은 1군 팀의 왼발잡이 미드필더의 부상 이탈로 프리시즌 기간에 1군 팀으로 발탁되었고 시즌 내내 1군 팀에 자리 잡게 되었다.

2010 — 라리가 승격 및 레알 마드리드전 데뷔 공격 포인트
1군 팀에서 보낸 첫 시즌에 1부리그 승격에 기여했고, 2010-11시즌 라리가에 데뷔했다. 2010년 9월 18일 레알 마드리드와 빅매치에 라리가 첫 어시스트를 기록했다.

2014 — 브라질 월드컵 출전 & 아틀레티코 마드리드 이적
프랑크 리베리의 부상으로 2014년 브라질 월드컵에 참가한 프랑스 대표팀에 발탁되어 8강 진출 과정에 기여했고, 대회가 끝난 후 레알 소시에다드를 떠나 디에고 시메오네 감독이 러브콜을 보낸 아틀레티코 마드리드로 이적했다.

2016 — 챔피언스리그 및 유로2016 우승 좌절
아틀레티코는 2015-16 시즌 챔피언스리그 결승전에서 또다시 레알 마드리드에 패배했고, 얼마 뒤 유로2016에 참가한 그리즈만이 결승전에서 레알 마드리드 공격수 호날두가 주장으로 활약한 포르투갈에 패배하며 연달아 준우승의 고배를 마셨다.

2018 — 유로파리그 및 러시아 월드컵 우승
2년 전의 아픔을 뒤로 하고 유로파리그 우승을 이끈 원맨쇼를 펼친 것에 이어 러시아 월드컵에서 프랑스의 사상 두 번째 월드컵 우승을 이끌며 연달아 메이저 대회 우승컵을 들어 올렸다.

2019 — FC 바르셀로나 이적
아틀레티코에서 거듭 라리가 및 챔피언스리그 우승 도전에 실패하자 1년 만에 잔류 약속을 깨고 라이벌 바르셀로나로 전격 이적했다.

2021 — 아틀레티코 마드리드 복귀
바르셀로나에서 2년 간 아쉬운 시기를 보내고 자신에게 실망한 아틀레티코 팬들에게 사죄하며 아틀레티코 마드리드 전격 복귀를 결정했다.

2024 — 프랑스 국가대표팀 은퇴
유로2024 대회를 마친 뒤 프랑스 대표팀에서 은퇴를 선언했고, 30대의 베테랑임에도 아틀레티코 생활에 집중하여 최고의 경기력을 선보였다.

2025 — 아틀레티코 마드리드와 재계약
아틀레티코 마드리드를 떠나 미국에서 황혼기를 보낼 것이라는 전망을 뒤로 하고 연봉 삭감 조건에도 2년 계약을 체결하며 아틀레티코에 1년 더 헌신하기로 했다.

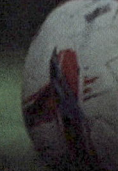

DECISIVE 2003-2025 MOMENT

CONTENTS

4	프롤로그 : 광대로 오해받은 천재, 그리주
8	앙투안 그리즈만 커리어의 결정적인 순간

Real Sociedad 스페인이 키운 어린 왕자

14	01 프랑스가 알아보지 못한 재능
18	COLUMN ǀ 그리즈만의 콧수염은 포르투갈에서 왔다 : 포르투갈 이민자의 뿌리
22	REPORT ǀ 산 세바스티안 현지 취재 리포트 : '그리즈만 배출' 소시에다드, 순혈 포기하고 얻은 것
34	02 레알 소시에다드에서 보낸 다섯 시즌
40	TOPIC ǀ 레알 소시에다드 역대 최고의 외국인 선수들

Atletico Madrid 라리가의 삼대장

48	01 시메오네와 전성시대, 라리가의 3대장
52	COLUMN ǀ 미겔 앙헬 디아스 특별 컬럼
66	02 보수적인 혁신, 시메오네 감독이 그리즈만과 이룬 철학적 성취
74	REPORT ǀ 시메오네와 그리즈만 전성시대, 챔스 우승 이루지 못한 이유
84	03 유로파리그 우승 : 그리즈만 원맨쇼
92	TOPIC ǀ 신계에 도전한 아틀레티코의 스타들

Grizou 아트 사커의 부활

100	01 그리즈만의 첫 메이저 대회, 2014 브라질 월드컵
108	02 유로2016 아쉬운 준우승, 플라티니의 기록을 이어받다
114	03 2018 러시아 월드컵 우승, 세계 정상에 서다
120	04 2024년 프랑스 국가대표 은퇴 선언

Renaissance 아틀레티코 복귀 그리고 르네상스

130	01 바르셀로나 시절에 남은 아쉬움 : 메시의 그림자
136	02 미움받을 용기 : 아틀레티코 리턴
140	03 아틀레티코의 왕 : 메날두 이후 최고의 선수
148	04 클럽 역사상 최고의 선수 : 마지막 불꽃

152	에필로그 : 그리즈만이 아틀레티코이고, 아틀레티코가 그리즈만이다

Real Sociedad

스페인이 키운 어린 왕자

그리즈만은 프랑스에서 태어났지만, 스페인이 키운 선수다.
프랑스 대표팀의 월드컵 우승 멤버이지만 정작 프랑스 리그에선
뛰어본 적이 없는 라리가의 레전드 그리즈만의 특별한 배경과 혈통,
그리고 그만의 아이덴티티가 형성된 근원을 탐색한다.

> 그리즈만은 언제나 밝고 긍정적이며,
> 그와 함께하는 것은 정말 즐거운 일입니다.
> 그는 압박감을 느낄 때도 항상 웃는 모습으로 즐기려고
> 노력하는 신선한 바람 같은 이미지의 선수입니다.

— 필리프 몽타니에 전 레알 소시에다드 감독

프랑스가 알아보지 못한 재능

그리즈만을 만든 첫 번째 클럽이 마콩이라면, 두 번째 클럽은 프랑스가 아닌 스페인의 레알 소시에다드다. 그리즈만은 어린 시절 1998 프랑스 월드컵 우승을 이끈 지네딘 지단과 티에리 앙리의 플레이에 매료되어 프랑스 대표 선수가 되겠다는 꿈을 키웠다. 그리즈만이 7살일 때 자국에서 열린 월드컵은 그의 축구 인생에 큰 영향을 미쳤다. 지단의 이름과 등번호 10번이 새겨진 유니폼을 입고 전 경기를 생중계로 보며 응원했고, 프랑스 대표 선수가 되고자 하는 꿈은 점점 확신으로 바뀌었다. 실제로 프랑스 대표팀이 덴마크와 경기를 위해 인근 지역으로 훈련을 하러 온다는 소식을 듣고 아버지와 함께 훈련장을 찾아가 선수들의 사인을 받을 정도로 열성적인 팬이었다.

하지만 정작 프랑스 축구계는 그리즈만의 재능을 알아차리지 못했다. 프랑스 리그앙 클럽들은 그리즈만의 성공 가능성에 의문을 표했고, 유소년 팀에 입단할 기회조차 제대로 주어지지 않았다. 그리즈만은 마콩 유소년 팀에서 뛰던 시절에도 현란한 기술을 자랑해 몇몇 프랑스 명문 클럽 스카우트의 관심을 받았지만, 작은 체구로 인해 계약을 제시받지 못했다. 그리즈만이 어린 시절 응원하던 클럽 올랭피크 리옹으로부터 퇴짜를 맞았을 땐 '스페인 선수'라는 얘기를 듣기도 했다. 프랑스는 그리즈만을 외면했지만, 스페인은 그리즈만에게 문을 열어주었다. 자신의 첫 번째 유소년 팀 마콩에 걸려 있는 그리즈만의 '레알 소시에다드' 유니폼과 '나를 만들어준 클럽'이라는 문구에서 알 수 있듯, 레알 소시에다드는 그리즈만의 커리어의 진정한 시작이라고 할 수 있는 클럽이다. 프랑스 최고의 축구 스타 중 한 명으로 꼽히지만, 정작 프랑스 리그앙 경기에 출전한 적이 없는 그리즈만은 스페인에서만큼은 '어린 왕자'라는 별명으로 불린 '라리가의 레전드'다. 당대 최고의 선수를 넘어 역대 최고의 선수 자리를 두고 경쟁한 리오넬 메시(아르헨티나, 전 바르셀로나)와 크리스티아누 호날두(포르투갈, 전 레알 마드리드)의 '엘클라시코' 양강 체제에 균열을 일으킨 아틀레티코 마드리드의 에이스이자 '라리가 삼대장'이라는 칭호를 얻은 그리즈만은 이들의 천재성에 비견될 수 있는 선수로 평가받았다.

실제로 2008-09시즌부터 2014-15시즌까지 라리가 공식 올해의 선수상을 리오넬 메시가 6차례, 크리스티아누 호날두가 2013-14시즌 한 차례 수상한 가운데, 두 선수만의 경쟁으로 여겨진 트로피를 2015-16시즌 그리즈만이 차지했다. 2016 발롱도르를 크리스티아누 호날두가 수상했을 때도 2위가 메시, 3위가 그리즈만으로 포디움에 오르며 세계 최고의 선수 중 한 명으로 공인받았다. 루카 모드리치가 깜짝 수상한 2018 발롱도르 시상식에서는 2위 호날두에 이은 3위로 또 한 번 포디움에 올라 4위 킬리안 음바페, 5위로 물러난 메시보다 높은 평가를 받기도 했다.

두 선수가 각각 파리 생제르맹, 유벤투스로 이적하며 라리가를 떠난 이후에도 스페인에 남아 라리가에서 가장 축구를 잘하는 선수로 평가를 받은 그리즈만은 2022-23시즌 라리가 도움왕을 수상하며 30대에 접어든 이후 오히려 축구실력이 일취월장했다는 평가와 함께 미드필더 포지션에서 '축구 도사'로 불렸다.

포르투갈과 독일의 핏줄을 이어받고 프랑스에서 태어나, 스페인의 자랑이 된 그리즈만은 유럽 축구의 모든 기술을 품은 스타다.

그리즈만의 축구엔 포르투갈이 있다

COLUMN 그리즈만의 축구엔 포르투갈이 있다 : 포르투갈 이민자의 뿌리

> 앙투안이 프랑스축구협회로부터 21세 이하 대표팀 차출 금지 징계를 받고 포르투갈 대표팀을 선택하는 걸 잠깐 고민했던 때가 있었어요.

그리즈만의 외삼촌 주제^{Jose}가 밝힌 비화처럼, 그리즈만은 포르투갈의 혈통을 이어받은 이민자 가정 출신이다. 2018 러시아 월드컵에서 프랑스가 역사상 두 번째 우승을 차지했을 당시, 최종 엔트리에 포함된 23명의 선수 중 온전히 프랑스 본토에 뿌리를 둔 선수는 뱅자맹 파바르와 플로리안 토뱅, 두 명뿐이었다. 프랑스 축구 역사상 최고의 선수로 불리는 지네딘 지단은 알제리계 이민자 출신이며, 지금 프랑스 최고의 선수로 꼽히는 킬리안 음바페는 피부색에서 알 수 있듯 아프리카의 카메룬에 뿌리를 두었다. 골키퍼 위고 요리스는 부친이 스페인 카탈루냐 출신이며, 공격수 올리비에 지루는 모친이 이탈리아 출신이다.

그리즈만은 그의 성씨를 보면 독일 이민자 출신임을 알 수 있다. 그리즈만 가문이 프랑스 남부 부르고뉴 지역으로 이주한 것은 19세기 초로 오래 전의 일이다. 본래 이름은 Grieszmann으로, 헤센주 뮌스터에서 프랑스로 이주한 노동자 에밀 레거 그리즈만^{Emile Leger Grieszmann}과 마리 그리즈만이었던 것으로 알려져 있다. 에밀의 아들 빅토르가 1919년 태어났고, 이때 그리즈만 가문이 프랑스에 정착해 살면서 프랑스식으로 자신의 성씨를 정확하게 발음하도록 하기 위해 z로 변경된 것으로 보인다. 빅토르의 아들이자 앙투안의 부친 알랭 그리즈만은 1957년생으로 마콩의 지역 의회 의원으로 활동하기도 했다. 즉, 앙투안은 독일과 포르투갈 이주 노동자 가정 출신이었고, 유복한 가정에서 나고 자랐다. 한마디로 '헝그리 정신'으로 무장해 축구로 인생 역전을 꿈꾼 케이스는 아닌 것이다.

그리즈만의 축구적 뿌리를 말하자면 19세기 초까지 거슬러 올라가야 하는 부친의 역사가 아닌 앙투안이 나고 자란 마콩^{Macon} 지역의 역사, 그리고 어머니의 족보를 살펴봐야 한다. 앙투안 그리즈만의 축구 유전자는 외가 쪽에서 왔다. 프랑스 남부 부르고뉴 지역 중심부에 위치한 인구 4만여 명의 소도시 마콩은 포르투갈 이민자 커뮤니티가 강하게 뿌리 내린 지역이다. 그리고 마콩 지역 이민자 1세대가 바로 그리즈만의 외할아버지 아마루 로페스^{Amaro Lopes}다. 지금도 포르투갈 프로축구 1부리그 프리메이라 리가에 속한 파소스 드 페헤이라^{Pacos de Ferreira}에서 거칠지만 페어플레이를 했던 센터백이다.

앙투안 그리즈만의 외조부 아마루 로페스는 포르투갈 클럽 파소스 드 페헤이라의 역사 그 자체이기도 하다. 실제로 1950년내에 아마루가 선수로 활약할 때 클럽 명칭은 지금도 브라질 최고 명문 클럽 중 하나로 운영되고 있는 '바스쿠 다 가마 Vasco da Gama'였다. 브라질을 발견한 포르투갈의 유명한 항해사이자 탐험가의 이름 딴 것이다. 파소스 지역의 캄포 다 카바다에 자리 잡았던 축구팀 바스쿠 다 가마는 1962년에 지금의 그리즈만은 그의 성씨를 보면 독일 이민자 출신임을 알 수 있다. 파소스 드 페헤이라로 이름을 바꿨다. '바스키뉴'라는 애칭으로 불린 파소스의 바스쿠 다 가마는 노란색 몰타 십자가를 구단의 상징으로 삼았는데, 이는 19세기 말 포르투갈 이민자들이 히우 지 자네이루 지역에 창단한 그 유명한 바스쿠와 같은 문양이다.

포르투갈의 항구도시 포르투에서 차로 30분 거리에 있는 파소스 지역, 앙투안 그리즈만의 축구적 뿌리가 있는 이 도시는 인구 5만 5000여 명의 소도시로, 많은 가구 공장으로 유명하다. 흥미롭게도 앙투안의 모친 이사벨도 지금 가족들과 가구 회사를 운영하고 있다. 그녀는 파소스에서 살아본 적이 없지만 1970년대와 1980년대에 아마루와 함께 파소스에서 휴가를 보냈다. 벽돌공으로 일하며 축구 선수 생활을 했던 아마루는 1950년에 클럽에 입단한 이후 3부리그에서 헤매던 팀을 굳건히 지키는 최고의 수비수로 활약했다.

1957년 결국 2부리그 승격을 이끌었던 아마루는 '철문'이라는 별명으로 불렸는데, 그의 또 다른 트레이드 마크는 지금도 파소스의 클럽 하우스에 걸려 있는 1955-56시즌 사진에서 확인할 수 있는 멋진 콧수염이다. 이는 앙투안 그리즈만에게 아마루의 피가 흐른다는 증거다.

포르투갈 군인으로 2년간 군복무를 하기도 했고, 건설업도 성공적이었으며, 축구 선수로도 안정적인 커리어를 이어가던 아마루가 1957년 프랑스 이민을 결정한 것은 안토니우 드 올리베이라 살라자르 Antonio de Oliveira Salazar 독재 정권과의 마찰 때문이었다.

아마루의 형 안토니우가 파소스 지역에서 정치인으로 활동하고 있었는데, 살라자르와 불편한 관계에 있었다.

1957년 말, 34세인 아마루는 한 살 연하인 아내 카롤리나, 세 아들과 함께 프랑스로 향했고, 앙투안의 노친인 이사벨을 포함한 두 딸은 마콩에서 태어났다. 아마루는 마콩의 석조 회사에 취직해 일했고, 그 이후 아마루 로페스의 가족들은 이후 프랑스로 이주해 온 포르투갈 사람들의 정착을 도와 마콩의 포르투갈 이민자 커뮤니티의 구심점이 됐다.

앙투안의 외삼촌 주제는 아마루 로페스가 이후 다른 가족들이 모두 프랑스에 안정적으로 정착할 수 있도록 행정 작업을 도와 사실상 마콩 지역 포르투갈 이민자의 역사를 시작한 인물이라고 전했다. 다른 언어와 문화 속에 타향살이를 해야 했던 마콩의 포르투갈 사람들을 뭉치게 한 오락은 역시 축구였다. 포르투갈 이민자 가족들은 자주 모여 친목 행사를 가졌는데, 그 중심에 FC 마콩의 경기가 있었다. 아마루는 마콩에서도 축구 선수 생활을 병행했다. 아마루의 두 아들은 또 다른 지역 클럽 ASPTT 마콩에서 선수로 뛰었고, 여기에서 앙투안 그리즈만의 부친 알랭 그리즈만과 인연이 싹텄다. 당시 앙투안의 외삼촌인 주제가 마콩의 수비형 미드필더로 뛰었고, 주제의 동생 마누가 윙어로 뛰고 있었다. 그리고 알랭 그리즈만이 라이트백과 수비형 미드필더를 겸하며 뛰었는데, 마누와 알랭이 근거리에서 호흡을 맞추며 절친한 친구 사이가 된 것이다. 특히 마누와 알랭은 ASPTT 마콩이 4부리그에 속해 있을 때 핵심 선수였다.

알랭 그리즈만 역시 마콩에서 태어났다. 5남매 중 막내였던 알랭 그리즈만은 처음에는 음악가를 꿈꿨으나 음악보다는 축구에 더 재능이 있다는 결론 하에 12세에 ASPTT 마콩에서 유소년 선수로 경력을 시작했다. 그리고 성인 선수와 코치로 거의 20년 가까이 활동했는데, 이때 마누 로페스와 동료가 되었고, 그의 여동생 이사벨 로페스를 알게 되었다. 알랭 그리즈만이 이사벨을 만나게 된 것은 일찌감치 선수 커리어를 접고 지도자로 전업했을 때다. 마누가 마콩 포르투가이스 성인팀을 이끌고 있었고, 알랭은 지역의 또 다른 팀의 감독으로 일하고 있었는데, 두 팀의 맞대결 일정이 잡힌 것이다. 알랭이 선수 시절 동료였던 마누의 팀 경기 전력을 파악하기 위해 현장을

그리즈만의 콧수염은 포르투갈에서 왔다 : 포르투갈 이민자의 뿌리

찾아갔을 때 당시 스무 살이었던 이사벨을 만나게 됐다.

제가 이사벨에게 작업을 걸었죠! 9살이나 차이가 났지만요. 오랫동안 알고 지낸 사이였는데, 주제와 마누의 집에 놀러 갔을 때 이사벨이 줄넘기를 하고 있더라고요. 아름다운 스무 살 소녀를 보게 된 것입니다. 그때 이사벨은 낮에는 르 파리 바에서, 저녁에는 르 밀로드라는 클럽에서 일하고 있었습니다. 그날 맺은 인연 이후 9개월 만에 우리는 결혼했고, 지금까지 잘 살고 있습니다!
— 알랭 그리즈만

앙투안 그리즈만은 알랭과 이사벨의 둘째로 태어났다. 1988년 누나 모드 Maud 의 출생에 이어 1991년 3월 21일, 샤일리 구에레 거리에 위치한 오래된 산부인과에서 앙투안이 태어났다. 당시 알랭은 마콩에서 10km 떨어진 근교의 작은 마을 라 샤펠 드 귄샤에서 살고 있었다. 지역 중고등학교 체육관 관리인으로 일하고 있었는데, 아내의 요청에 따라 앙투안이 태어난 지 6개월 뒤 마콩시 중심으로 이사했다. 아마루 로페스는 앙투안 그리즈만이 태어난지 1년 만인 1992년 작고했다. 앙투안 그리즈만이 외할아버지를 직접 기억할 만한 추억은 거의 없는 것이다. 하지만 마콩 지역은 축구 선수 출신으로 포르투갈 이민자들의 마콩 정착을 이끈 아마루를 기리며 지금도 매년 그의 이름을 딴 축구 대회를 열고 있다. 그런 아마루의 손자 앙투안 그리즈만은 자연스레 마콩 지역 최고의 영웅이자, 자랑이다.

그리즈만이 어린 시절을 보낸 스포르팅 마콩은 포르투갈 이민자 커뮤니티가 창단해 운영하는 지역 유소년 클럽이다. 그리고 여기에 그리즈만의 레알 소시에다드 유니폼과 더불어 그리즈만이 직접 쓴 문구가 여전히 남아 있다.

나를 만들어준 클럽.

San Sebastián
산 세바스티안 현지 취재 리포트

그리즈만 배출 소시에다드
순혈 포기하고 얻은 것

바스크 지방에서 스페인 왕실의 지원을 받는 팀. 이천수가 뛰었던 팀. 바스크 순혈 정책을 폐기한 팀. 한국의 축구 팬들에게 알려진 레알 소시에다드를 대표하는 이미지다. 레알 소시에다드는 바스크 더비를 이루는 지역 라이벌 아틀레틱클럽 빌바오와 대척점에 있는 팀으로 알려졌지만, 생각보다 두 팀의 사이는 친밀하다. 레알 소시에다드 역시 지역 사회와 밀착도가 높다. 레알 소시에다드는 과거 스페인 왕실의 휴양지로 알려진 산 세바스티안을 연고로 하지만, 바스크 지방에서 두 번째로 큰 기푸스코아Gipuzkoa주의 구심점이 되는 축구 클럽이다. 무엇보다 유소년 육성 성과 측면에서 아틀레틱클럽 못지않다는 자부심이 있다. 레알 소시에다드는 지난 몇 년 사이 사비 알론소(소시에다드 ▶ 리버풀 ▶ 레알 마드리드 ▶ 바이에른 뮌헨), 앙투안 그리즈만(소시에다드 ▶ 아틀레티코 마드리드), 이니고 마르티네스(소시에다드 ▶ 아틀레틱클럽 ▶ 바르셀로나), 아시에르 이야라멘디(소시에다드 ▶ 레알 마드리드 ▶ 소시에다드), 알바로 오드리오솔라(소시에다드 ▶ 레알 마드리드 ▶ 바이에른 뮌헨 ▶ 피오렌티나 ▶ 소시에다드) 등을 유소년 팀에서 키워내며 주목받고 있다.

2018년 10월, 필자는 스페인프로축구연맹의 초청으로 바스크 지역 축구팀들을 방문해 취재할 기회가 있었다. 먼저 바스크를 대표하는 클럽 아틀레틱클럽의 유소년 시스템을 지켜보고 레알 소시에다드 훈련장으로 이동했다. "아틀레틱클럽에서 어떤 이야기를 듣고 왔나요? 순혈주의를 자부하지만, 지금 아틀레틱클럽 1군 선수단의 35%에 달하는 선수가 우리 지역에서 키워낸 선수들입니다." 레알 소시에다드 훈련장 수비에타에서 만난 로베르토 올라베 Roberto Olabe 기술이사와, 그리즈만이 만 13세의 나이로 수비에타에 왔을 때 첫 번째 감독이자 현 유소년 총괄 디렉터 루키 이리아르테 Luki Iriarte 로부터 레알 소시에다드의 선수 육성 철학을 들었고, 2018-19시즌을 치르던 당시 보수 공사 중인 아노에타 경기장에선 레알 소시에다드 역대 최다 출전 기록(599경기)을 보유한 '원클럽맨' 알베르토 고리츠 Alberto Gorriz 로부터 순혈 정책을 폐기했던 이유와 효과도 들었다.

우리가 몰랐던 기푸스코아,
빌바오 순혈?
35%는 우리 지역이 키운 선수

인구 72만의 기푸스코아주는 빌바오가 속한 비스카야주와 맞닿아 있다. 기푸스코아주의 주도가 유럽 3대 해변으로 꼽히는 콘차를 보유한 산 세바스티안이며, 이곳은 지난 2016년 스페인에서 네 번째로 유럽 문화 수도로 선정된 아름다운 도시다.
바스크어로는 도노스티아 Donostia 라는 이름을 갖고 있는 산 세바스티안은 푸른색과 하얀색으로 이뤄진 문장이 상징이고, 이 색이 산 세바스티안을 연고로 하는 축구팀 레알 소시에다드의 상징색으로 설정되어 있다. 산 세바스티안은 인구 19만이 채 되지 않는 작은 도시다. 기푸스코아주 전체의 지지가 없다면 운영이 쉽지 않다. 레알 소시에다드는 부유한 이웃 아틀레틱클럽과 달리 경기장 소유권을 갖고 있지 않기 때문이다. 아노에타 경기장은 산 세바스티안시 소유다.
1982년 스페인 월드컵을 위해 건립하고 1980년 개장한 수비에타 훈련장에 꾸준히 투자하며 제한된 예산으로 성과를 내고 있는 레알 소시에다드는 1980-81시즌과 1981-82시즌 라리가 연속 우승을 이뤘고, 창단힌 1909년 코파델레이에서 처음 우승했으며, 1986-87시즌 코파델레이 우승 후에는 메이저 트로피와 인연이 없다. 이후 1989년 바스크 지역 선수만 영입하는 순혈주의 정책을 포기한 뒤 2002-03시즌 라리가 준우승을 차지하며 반등했고, 21세기 들어 꾸준히

유럽클럽대항전에 나서며 라리가를 대표하는 팀 중 하나로 자리 잡고 있다.

우리도 100년 역사를 자랑하는 팀이다. 우리는 챔피언이라는 자부심을 가지고 있다. 물론 지난 몇 년간은 우승 트로피를 들지 못했지만, 다시 챔피언이 될 수 있다는 영감을 가지고 있는 것이다. 챔피언이라는 자부심은 단지 우승컵으로만 규정되는 것은 아니기에 축구 경기를 떠나 우리 지역에서 팀이 갖는 가치와 의미를 봐야 한다.
<u>알베르토 고리츠</u>

소시에다드 최다 출전 기록을 보유한 고리츠는 "축구가 많이 바뀌었고, 이제 축구에 돈과 중계권이 아주 중요해졌다. 메이저 타이틀 경쟁의 문이 모든 팀에게 열려 있는 상황이 아니라는 것을 인정해야 한다. 패배를 당연하게 여기는 것이 아니라, 서로 다른 생존법과 지향점을 통해 성과를 내고 행복할 수 있다는 의미이다."라고 설명했다.

레알 소시에다드는 칸테라 – Cantera, 채석장을 의미하는 스페인어로 축구용어로 쓰일 때 유소년 육성을 의미한다 – 를 중시하는 팀이다. 바르셀로나, 레알 마드리드와 우승 경쟁은 아주 어렵고, 거의 불가능하다. 하지만 우리는 우리만의 일을 해야 한다. 칸테라를 통해 차이를 만들고, 유럽 대항전에 나가는 것이 우리의 목표다.
<u>알베르토 고리츠</u>

수비에타 훈련장은 레알 소시에다드가 TV 중계권료 배분 방식 변경으로 늘어난 수익을 통해 지속적으로 투자해 유럽 최고의 훈련장 중 하나로 각광받고 있다. 2018-19시즌을 준비하던 레알 소시에다드는 기후 조건과 훈련 시설 면에서 수비에타 만한 곳을 찾지 못해 프리시즌을 타 지역으로 떠나지 않고 수비에타에서 보내기도 했다. 인프라 측면에서 레알 소시에다드는 더할 나위 없는 상황이다.

외국 선수 영입으로 문호를 개방했다는 이미지가 강하지만, 최근 레알 소시에다드가 배출한 최고의 선수 그리즈만은 레알 소시에다드가 유소년 시기에 영입해 직접 키운 선수다. 2006-07시즌 충격의 강등 이후 3년간 2부리그에서 고전하며 2010-11시즌 라리가로 돌아온 레알 소시에다드는 유소년 육성에 더 큰 힘을 쏟고 있다.

비록 팀을 떠났지만, 그리즈만이 거두고 있는 성공은 레알 소시에다드에도 좋은 일이다. 그리즈만은 우리 팀에 아주 어릴 때 왔다. 선수로나, 사람으로나 좋았던 기억이 있다. 그는 프랑스 대표팀의 월드컵 우승을 이끌었다. 레알 소시에다드 유소년 출신이 그런 활약을 펼쳤다는 것은 우리도 자부심을 가질 수 있는 일이다.
알베르토 고리츠

앙투안은 여기서 자라서 큰 선수가 된 경우다. 우리 철학과 가치 등을 체득하며 성장했고, 그런 선수를 보유한 것은 우리에게 좋았던 일이다. 다른 국적의 선수가 와서 우리의 방식으로 최고의 선수가 된 것은 자부심이다. 그 외에도 알론소, 오드리오 솔라처럼 팀을 나가는 선수들이 있었다. 상대 팀 소속으로 다시 만나면 좀 그렇기는 하지만, 이런 최고의 선수를 배출하는 것이 목표이고, 자부심이고, 이곳 아이들의 꿈이 되고 있다.
로베르토 올라베

아틀레틱으로 간 이니고,
유소년 시절에는 '수비에타'를 택했다

비스카야주에 소재한 150개 클럽과 협업하는 아틀레틱의 경우와 마찬가지로, 레알 소시에다드 역시 기푸스코아주 90개 클럽과 협업 관계다. 기푸스코아주에는 또 다른 스페인 1부리그 클럽 에이바르도 연고로 하고 있는데, 선수 육성 측면에서는 소시에다드와 경쟁 관계가 아니다. 도시 인구가 2만 7000여명에 불과한 에이바르는 1군 팀도 자체 훈련장이 없고, 유소년 팀도 지역 사회 교육 활동의 일환으로만 운영되고 있다. 이냐키 오테기 레알 소시에다드 총괄 매니저는 "에이바르의 모델은 1부리그 하위 팀이나 2부리그의 선수를 영입해 잘 활용하는 것이다. 직접 선수를 키우는 팀은 아니기 때문에 우리와 정책적으로 겹치지 않는다"라고 했다.

우리는 기푸스코아주에 있는 모든 선수에 대해 알고 있다. 재정적으로도 예전보다 훨씬 안정되고 있으며, 필요한 부분을 충족하고 있다. 우리는 특히 FIFA가 강조하는 지역 선수 육성 측면에서 매우 경쟁력이 있기 때문에 이 분야에 집중적으로 투자하고 있다. 지금 1군 선수단의 60%가 아카데미 출신 선수다. 옆 동네에 있는 아틀레틱클럽 1군 선수단의 35%가 기푸스코아주에서 키운 선수다. 우리 지역이야말로 선수를 키우고, 성장시키는 데 성과를 잘 거두고 있다. 기푸스코아는 최고의 축구 선수 공장이라고 할 수 있다. 축구적으로 대단한 잠재력을 갖고 있는 곳이다.
로베르토 올라베

올라베 기술이사의 설명대로 이니고 마르티네스, 유리 베르치체, 다니 가르시아, 우나이 로페스, 미켈 발렌시아, 아리츠 아두리스, 고르카 구루세타, 페루 놀라스코아인 등 8명은 레알 소시에다드 유소년 팀에서 뛰었거나, 산 세바스티안 지역 내 유소년 클럽인 안티구오코에서 축구를 시작했다. 마르켈 수사에타는 아틀레틱클럽에서 유소년 경력을 시작했지만, 기푸스코아 태생 선수다.

특히 이니고 마르티네스의 경우 레알 소시에다드 유소년 팀에서 성장해 레알 소시에다드의 주장으로 자리 잡았던 선수다. 아틀레틱클럽과 레알 소시에다드가 오직 축구적으로만 경쟁하는 평화로운 더비 관계를 맺고 있긴 하지만, 이니고가 아틀레틱으로 이적했을 때 레알 소시에다드 팬들은 큰 분노를 표했다. 레알 소시에다드 유소년 총괄 디렉터는 이니고가 아틀레틱으로 이적했지만 유소년 시기 내린 결정은 수비에타의 선수 육성 시스템의 우수성을 입증한다고 말했다.

이니고 마르티네스는 비스카야 출신이지만, 이 아카데미를 택했다. 그가 여길 떠나게 하고 싶지 않았다. 이니고는 12년간 이곳에 있었고, 레사마에서 뛸 수도 있었지만 여기를 택했다. 그는 그리즈만과 같은 세대다.
로베르토 올라베

'개방주의' 레알 소시에다드는
최소한 2년은 선수를 기다려준다

레알 소시에다드는 1989년 아일랜드 국적의 리버풀 공격수 존 알드리지를 영입하며 순혈주의를 폐기했다. 유소년 팀에도 스페인 내 여러 지역 선수를 받고, 외국인 선수가 들어올 수 있다. 그렇지만 유럽의 축구팀은 지역과 밀착해 있다. 수비에타 훈련장에서 활동 중인 선수의 85%가 바스크 출신이며, 타 지역 출신은 15%에 불과하다.

개방주의를 표방하는 레알 소시에다드는 이 15%의 선수들이 소외감을 느끼지 않고 활동하도록 지원하고 있다. 이리아르테 유소년 총괄 디렉터는 "우리는 어떤 선수에게도 장벽이 없다. 우리 역시 바스크 지역을 우선시 생각하지만, 다른 지역에서 온 선수들도 호스트의 개념으로 받아들인다. 우리 지역 선수를 기반으로 키우지만 15%는 밖에서 왔고, 인재는 어느 지역에서든 올 수 있다고 생각한다. 그런 경우에는 우리가 육성하고 있다. 우리는 출신보다 가치를 더 중시한다"라고 했다. 그러면서 비 바스크 출신 선수들은 최소한 2년간은 적응의 기회를 주고 있다는 자체 규정을 설명했다.

**사실 외부 선수 적응의 가장 큰 어려움은 언어다. 많은 선수들이 바스크어를 하는데 그 언어를 익히기는 아주 어렵다. 그래서 새로 온 선수들을 돕기 위해 신경을 많이 쓴다. 기푸스코아 출신이 아닐 경우라면 2년은 무조건 이곳에 있는 것이 우리의 규칙이다. 적응기가 필요한 이들을 기다려주기 위한 결정이다. 외부 선수들의 훈련과 생활 적응을 지원하기 위해 필요한 것은 인내심이다.
-
바스크어를 못해도 된다. 스페인어로 소통해도 된다. 누구도 소외감을 느끼지 않도록 운영하고 있고, 교육 과정에 어려움을 겪지 않도록 한다. 선수를 성장시키는 데에는 교육이 매우 중요하다고 생각하기 때문에, 축구뿐 아니라 초등학교, 중고등학교, 대학까지 이어지는 교육에도 신경 쓴다.
로베르토 올라베**

공부하는 선수, 다른 스포츠 종목 교육 의무 '지역 인재 육성 구심점'

**우리는 기푸스코아의 미래를 생각한다. 축구 훈련뿐 아니라 사회적 가치와 교육을 비롯한 스포츠의 효과를 생각하며 일하고 있다. 우리는 축구 선수들을 1군에 보내는 것도 목표이지만 기푸스코아 지역의 미래를 위한 사람으로 키우길 바란다. 그래서 교육도 중요하다.
루키 이리아르테**

루키 이리아르테 유소년 총괄 디렉터는 레알 소시에다드의 선수 육성 시설 수비에타가 좋은 사람을 키우는 측면에서 특별한 강점이 있고, 그것이 바스크의 다른 지역뿐 아니라 스페인의 다른 지역에서도 이곳을 찾아오는 이유이기도 하다고 설명했다.

**유소년 전용 시설인 '고라비데'에서 본격적으로 축구에 매진하는 것은 12세부터다. 기푸스코아 지역 정부의 규정에 따라 우리는 모든 학생들에게 축구를 가르치는데, 남학생과 여학생이 모두 이곳에서 축구를 배우고, 동시에 축구가 아닌 6개의 스포츠 종목을 연습해 보게 한다. 본인의 장점을 찾고 살릴 수 있는 과정이라고 할 수 있다.
루키 이리아르테**

실제로 수비에타 훈련장에는 농구 코트와 핸드볼 코트 등 축구 외 종목의 장비와 설비가 구비되어 있었다. 수비에타 훈련장을 소개하던 올라베 기술이사는 유소년 및 여러 선수들이 다양한 종목을 경험하고 연습해 볼 수 있는 기회를 제공하기 위해 농구장을 비롯해 다른

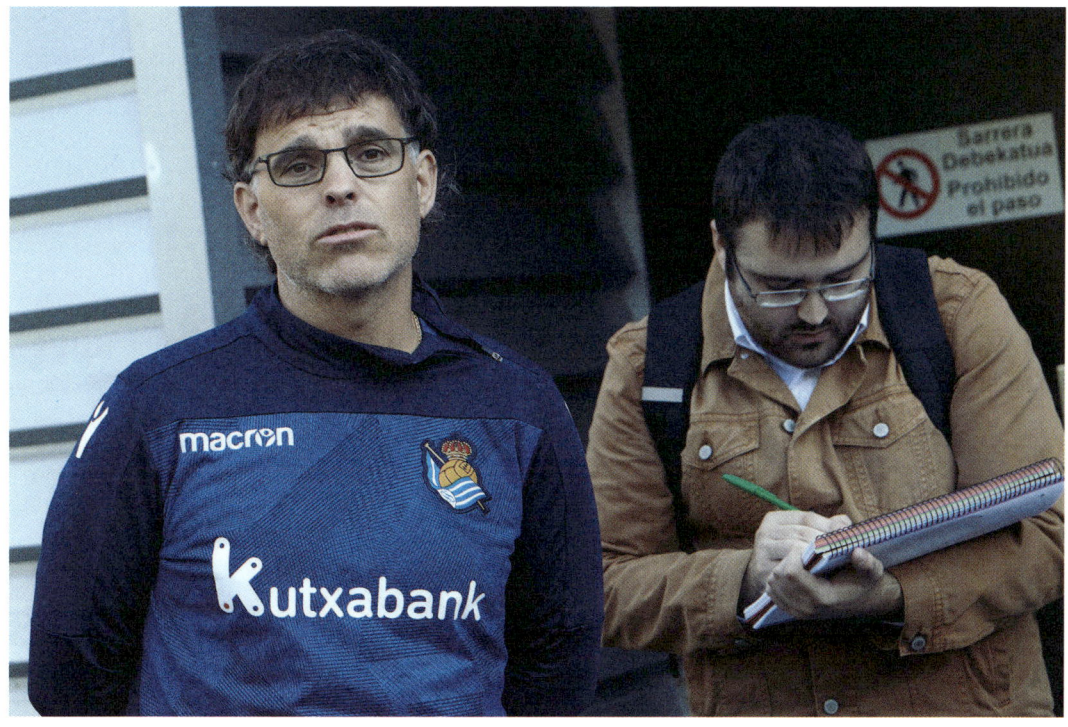

그리즈만을 발굴한 것으로 유명한 루키 이리아르테, 당시 레알 소시에다드 유소년 총괄 디렉터(왼쪽)

스포츠 시설도 준비되어 있다고 소개했다. 수비에타는 기푸스코아주 스포츠 인재 육성의 산실 기능도 하고 있는 것이다. 또한 언론 담당관 루이스 아르코나다는 축구 선수의 길을 택하더라도 학업과 병행이 필수라고 했다. 성적이 좋지 않으면 진급하지 못한다.

연령별로 20명씩 1군, 2군, 3군 등 6개 팀이 매일 훈련한다. 우리는 산 세바스티안시의 2개 학교와 연계하고 있다. 다른 도시에서 수비에타에 올 경우 이 학교에서 공부하고 기숙사에서 지낸다. 이 선수들은 모두 공부를 해야 하고, 시험을 통과해야만 이곳에서 뛸 수 있다. 알라바, 리오하, 부르고스 등 인근 지역에서 산 세바스티안으로 많이 온다.
루이스 아르코나다

이리아르테 유소년 총괄 디렉터는 이 선수들의 올바른 성장을 위해 정기적으로 선수 가족과 학교 선생님을 수비에타 훈련장에 초청해 모든 과정을 공개하고 상담을 갖는다고 했다.

우리는 가족은 물론 학교 관계자들과 함께 선수에 대한 모든 이야기와 의견을 나누며 일을 진행한다. 우리가 함께 일해야 선수의 미래를 제대로 만들어줄 수 있기 때문이다. 우리는 한 명의 선수라는 생각인 동시에 한 명의 사람을 키운다고 생각하며, 훈련과 교육을 함께 한다. 1년에 3번씩은 모든 선수의 가족들을 이곳에 부르는데, 올해는 150명의 선수 가족이 왔다. 또 11월에는 학교 측과 선수는 유소년 축구팀이 어떤 점을 발전시켜야 할지 같이 논의하는 시간도 갖는다.
루키 이리아르테

수비에타 훈련장이 자랑하는 그들만의 '개성'은 축구 훈련의 측면에도 있지만, 선수를 사람으로 대하는 자세와 규정에 있다.

새로운 선수를 찾는 건 어렵다. 그래서 모든 선수를 살핀다. 어떤 선수는 적응이 빠르고 어떤 선수는 그렇지 않기에 우리가 한 명의 선수를 영입하면 최소한 2년은 지켜본다. 누군가는 새로운 상황에 적응할 시간이 필요하다. 우리는 이들을 지원하고, 훈련하고, 지적인 부분도 살핀다. 모든 선수가 자리 잡도록 하는 게 목표다.

-
우리는 선수 개개인을 다 바꿀 수 없고, 각자의 특성을 존중하고자 한다. 이들이 팀의 일원으로 적응하길 바란다. 팀이란 서로 다른 개성이 얽혀 역동적으로 만들어지는 것이다. 멕시코에서 온 카를로스 벨라도 어려움을 겪었지만 이런 과정을 거쳐 결국 자리를 잡을 수 있었다. 우리는 한 선수가 오면 사회적으로, 학업적으로, 모든 면에서 지원한다. 우리의 역할은 모든 가족을 이해하고, 최선의 방법을 찾아주는 것이다. 그렇게 해서 좋은 재능을 가진 이들이 우리 팀에 찾아오도록 하고 싶다.
루키 이리아르테

순혈주의는 포기해도, 바스크 중심주의는 굳건하다

레알 소시에다드가 순혈주의를 포기하고 개방주의를 택한 것은 배타적이지 않게 가치를 공유하고, 이를 통해 상생 발전하겠다는 취지를 갖고 있다. 85%가 지역 출신인 만큼 방점은 그래도 지역에 있다. 접근성은 물론이고, 클럽을 지지하고 운영하는 기반이 연고 지역일 수밖에 없다.

우리 지역도 중요하지만 동시에 모든 지역에서 온 선수들과 적응해야 한다. 우리는 우리 가치를 나누고 싶다. 비전은 같지만 다를 수 있고, 단지 이사진의 결정뿐 아니라 여러 지역 사람들에게 열린 자세를 갖자고 결정했다. 특히 스페인 타 지역 사람들에게 우리 정신과 지역을 잊지 않으면서 동시에 공감대를 얻을 수 있는 방식을 택했다. 정책상 우리도 과거에는 바스크 지방 선수들만 계약할 수 있었지만, 이제는 우리의 방식과 과정으로 성장하는 선수를 키우는 게 더 중요하다는 생각이다.
로베르토 올라베

올라베 기술이사 역시 바스크 지방 팀들이 라리가에서 동시다발적으로 활약하고 있는 상황에 대해 자부심을 표했고, 비단 레알 소시에다드뿐 아니라 스페인 북부 지역팀들이 선전하고 있는 상황을 반겼다.

아틀레틱과 소시에다드는 역사적으로 강하지만 알라베스와 에이바르도 1부에서 활약했고, 오사수나도 오랫동안 1부에서 활동한 팀이다. 우에스카 역시 바스크 인근 지역에 있는 팀이다. 1부리그의 20%를 바스크 지방 팀들이 차지하고 있는 것은 역사적인 일이다. 훈련 프로그램, 사회 공헌 프로그램 모두 우리에겐 도전이고 성과다. 이제 우리가 앞으로 할 일은 간단하다. 좋은 선수가 오도록 하고, 잘 키우는 것이다.
로베르토 올라베

레알 소시에다드는 지역 코디네이터를 두고 적극적으로 재능 있는 유소년 선수를 영입하고 있다. 기푸스코아주에 5명을 두고 있고 비스카야, 나바라, 알라바와 프랑스의 바스크 지역, 가까운 리오하에도 전담 코디네이터를 두고 있다. 규모는 총 25명으로 서로 협업하며 선수를 발굴하고 키우고 있다. 성공적인 유소년 육성 시스템은 곧 이상적인 축구클럽이 되는 길이다. 이리아르테 유소년 총괄 디렉터는 레알 소시에다드가 축구의 롤모델, 그리고 이 지역의 귀감이 되길 바란다고 전했다.

우리도 늘 기푸스코아 지역 선수들을 주목한다. 세대마다 1명씩은 1군 팀에 들어갈 수 있기를 바란다. 최근에는 1997년생~2000년생 선수들이 1군 팀과 함께 훈련하면서 조금씩 자리 잡게 하고 있다. 어떤 한 세대는 실패할 수도 있지만 우리는 계속해서 1군에 들어가는 선수를 배출하고자 한다. 우리에겐 1군에 선수를 진출시키는 것이 승리이고 트로피다. 그게 우리의 경기다.

루키 이리아르테

레알 소시에다드는 개방주의를 펼치면서도 수비에타 훈련장 시설에 담은 철학과 단어는 바스크어로 표기하기를 유지하고 있다. 1군 전용 시설에 가인디투, 유소년 전용 시설에 고라비데라는 이름을 붙인 것도 의미가 있다. 고라비데는 올라간다는 의미, 가인디쿠는 극복했다는 의미. 실제로 유소년 훈련장의 위치도 산비탈을 올라가는 형태로 한 단계씩 올라가도록 건설되어 있다.

레알 소시에다드는 기푸스코아주에 특별한 의미를 가진다. 이곳에서 축구는 이미 특별한 사회적 현상이며, 파란색과 하얀색 줄무늬가 이 지역 사람들에게는 많은 의미를 전달한다. 축구팀 엠블럼이 이 지역 사람들을 대표하는 것이다. 많은 사람들이 산 세바스티안만 생각하는데 기푸스코아를 생각해야 한다. 기푸스코아주 사람들이 레알 소시에다드의 소시오로 가입해 지지하고 있다.

알베르토 고리츠

외국인 개방 효과, '더 많은 것을 배웠고, 더 많은 승리를 이뤘다'

레알 소시에다드가 문호를 개방한 지 어느덧 30년이 지났고, 이제는 자연스러운 일이 됐다. 하지만 오랫동안 아틀레틱 클럽과 마찬가지로 순혈주의 정책을 폈던 레알 소시에다드가 첫 외국인 선수를 영입하며 철학을 바꿨을 때 아무런 반발이 없었던 것은 아니다. 1979년부터 1993년까지 15시즌 동안 레알 소시에다드의 센터백으로 뛴 '원클럽맨' 고리츠는 두 번의 라리가 우승을 경험했으며, 첫 외국인 선수 알드리지를 맞이하며 격변기를 온몸으로 겪은 선수이다.

"사람들은 정책 변경에 대해 저항했다. 나 역시 선수로 뛰면서 팀 내 선수들이 다 지역 출신만 있다가 그런 변화를 겪었으니 낯설었던 것은 사실이다." 고리츠는 그러면서도 "행운이었다고 생각한다"라며 알드리지가 오면서 팀에 끼친 영향은 긍정적인 것이 많았다고 했다.

알드리지라는 좋은 선수가 왔던 부분이 긍정적인 효과를 미친 것 같다. 그는 성숙한 선수였고, 국제적 선수였다. 우리 팀에 왔을 때 알드리지가 32세로 베테랑이었는데, 외부 선수가 우리 팀에 오면서 우리도 많이 배웠기 때문에 그만큼 성장할 수 있었다고 생각한다. 알드리지는 축구로 봤을 때는 팀을 위해 뛰는 선수였고, 수비도 열심히 했다. 생활하면서도 선수들과 잘 지내고 농담도 하며 어울렸다. 알드리지는 우리 팀에서 한 명 이상의 존재감을 보였다. 그는 새로운 변화를 가져오는 동시에 기존 환경에 적응도 잘했다.
알베르토 고리츠

"언어 때문에 생기는 문제도 있긴 했다."라고 회고한 고리츠는 "하지만 여긴 작은 지역이고 다들 응원해 줬다"라며 지역민과 융화되는 과정이 매끄러웠다고 했다. 이후 앳킨슨 등 계속 외국인 선수가 영입됐다. 알드리지가 첫 외국인 선수로 터를 잘 닦아 놓은 덕분이었다. 알드리지는 레알 소시에다드에서 두 시즌을 보냈지만, 공식 75경기에 나서 40골을 몰아치며 확실한 결과도 냈다.

지금도 가끔 산 세바스티안에 온다. 알드리지가 오면 같이 밥도 먹고, 축구 얘기도 하고 잘 지낸다. 그때 포르투갈 출신 카를루스도 입단했는데, 가족처럼 지냈다. 아이들도 서로 알고 지낼 정도로 여기 생활에 잘 적응했다. 프로 선수로도 잘 적응했고 분위기도 좋았기에 개인적으로 그 변화를 겪으면서 얻은 게 더 많다. 알드리지를 알게 된 후 앳킨슨과도 같이 지냈다. 그때 포르투갈, 잉글랜드 등 출신 선수들이 오면서 우리 팀의 분위기는 더 좋아졌던 것 같다.
알베르토 고리츠

레알 소시에다드는 어렵게 문호를 개방한 만큼 확실한 선수를 데려왔다. 고리츠는 지금도 알드리지가 레알 소시에다드에 온 역대 외국인 선수 중 첫손에 꼽힌다는 개인적인 생각을 밝혔다. "알드리지는 수준 높은 축구를 했다. 골도 많이 넣었고 날렵했으며 야망도 큰 선수였다. 개인 플레이도 좋았으며, 팀 플레이어로서 자신도 적응을 위해 많은 것을 배워야 했지만, 우리에게 가르쳐준 것도 많았다."

고리츠는 "이곳이 내 집이고 고향이고, 가족들 모두 여기 있다"라며 15년간 오직 레알 소시에다드를 위해 뛴 원클럽맨이 된 이유를 말했다. 스페인 국가대표로 12경기에 나서 1골을 넣은 고리츠는 1990년 이탈리아 월드컵에도 출전했고, 레알 베티스의 영입 제안을 받기도 했지만, 오직 레알 소시에다드에서만 경력을 쌓았다. 고리츠의 클럽 최다 출전 기록은 아직 깨지지 않았다. 그는 레알 소시에다드에 대한 자부심이 누구보다 큰 선수다.

밖에 있는 사람들은 인구가 여기보다 많은 빌바오를 바스크 대표 팀으로 생각할 수도 있다. 하지만 기푸스코아도 작지만 아름다운 곳이다. 산 세바스티안은 눈부신 곳이다. 좋은 사람들이 있기에 언젠가 우리 지역과 사람도 더 많이 알려질 것이다. 아틀레틱은 그들의 정책을 통한 메리트가 있다. 이적시장에서 제한을 겪겠지만, 아름다운 일이라고 본다. 하지만 레알 소시에다드도 기반은 칸테라다. 이번 바스크 더비에 뛰는 선수 중 기푸스코아 출신 선수가 가장 많다. 많은 선수들, 클럽 사람들이 여기서 태어났고 자랐다. 요즘 우리 팀에는 외국인 선수도 뛰고 있지만 우리 팀의 색깔과 의미, 가치, 그리고 팬들은 바뀌지 않는다. 정책이 바뀌어도 바뀌지 않는 것이 있다.
알베르토 고리츠

SAN SEBASTIÁN

2024-25시즌까지 레알 소시에다드 테크니컬 디렉터를 맡았던 로베르토 올라베(왼쪽)와 인터뷰를 가진 한준 기자(오른쪽)

인터뷰이

알베르토 고리츠 전 레알 소시에다드 센터백
로베르토 올라베 기술이사
루이스 아르코나다 언론 담당관
루키 이리아르테 유소년 총괄 디렉터

02

레알 소시에다드에서 보낸 다섯 시즌

그리즈만이 어린 나이에 스페인 바스크 지역을 대표하는 명문 클럽 레알 소시에다드에서 1군 팀으로 자리를 잡을 수 있었던 배경에는 선참 선수의 부상 이탈이라는 상황도 있었지만, 기본적으로 레알 소시에다드가 2부리그로 강등되면서 스쿼드의 퀄리티가 이전보다 떨어진 덕분이었다. 그리즈만은 그렇게 찾아온 기회를 놓치지 않고 39경기에 출전하며 6골을 넣었는데, 레알 소시에다드가 세군다 디비시온 42경기에서 20승 14무 8패의 성적으로 승점 74점을 얻어 우승을 차지하며 다시 1부리그로 승격되는 역사를 쓴 주요 선수 중 한 명으로 꼽혔다.

2009-2014		출전	득점	도움	출전 시간
2009-10	라리가2	39	6	-	2598
2009-10	코파델레이	1	-	-	11
2010-11	라리가	37	7	3	2848
2010-11	코파델레이	2	-	1	180
2011-12	라리가	35	7	4	2628
2011-12	코파델레이	3	1	-	167
2012-13	라리가	34	10	5	2846
2012-13	코파델레이	1	1	-	77
2013-14	라리가	35	16	4	2660
2013-14	챔피언스리그	6	-	-	490
2013-14	챔피언스리그 예선	2	1	1	142
2013-14	코파델레이	7	3	-	385

ANTOINE GRIEZMANN

당시 스페인 프로축구 2부리그의 승격 경쟁은 매우 치열했으며, 정규 리그 42라운드를 마친 시점에서 2위 에르쿨레스, 3위 레반테, 4위 레알 베티스가 모두 승점 71점으로 동률을 이뤘다. 3위까지 승격권이 주어졌기 때문에, 승점 동률 팀 간 승자승 원칙을 통해 에르쿨레스와 레반테가 승격하고 베티스가 1부리그 문 앞에서 좌절했다. 소시에다드는 이 팀들보다 겨우 승점 3점을 앞선 우승 팀이었다.

등번호 27번을 달고 뛴 그리즈만은 리그 39경기 출전 중 30경기에 선발로 나설 정도로 중용됐고, 6골 중 4골을 시즌 초반 11경기 사이에 터트리며 신뢰를 얻었다. 그리즈만이 넣은 6골은 멀티골 없이 6경기에 걸쳐 나왔는데, 그리즈만이 득점한 경기에서 소시에다드는 5승 1패의 성적을 거두었다. 승리에 직접적인 공헌을 한 득점을 올린 것이다.

그리즈만은 스무 살이 되기 전에 소시에다드의 승격과 함께 라리가 무대에 섰다. 그리즈만은 1부리그 데뷔 시즌에만 총 10개의 공격 포인트를 기록했으며, 감격스러운 첫 라리가 공격 포인트는 2010년 9월 18일 레알 마드리드와 홈 경기에서 기록했다. 51분에 메수트 외질의 패스를 받은 앙헬 디마리아의 선제골로 레알 마드리드가 앞서갔지만, 등번호 7번을 부여받으며 에이스로 기대를 모은 그리즈만이 61분에 프리킥으로 베테랑 공격수 라울 타무도의 동점골을 도왔다. 이후 75분에 레알 마드리드 수비수 페페의 골이 터지면서 레알 마드리드의 2-1 승리로 마무리되었지만, 이는 강팀을 상대로 활약한 그리즈만의 능력이 돋보이는 경기였다.

그리즈만의 라리가 데뷔골은 2010년 10월 25일 데포르티코 라코루냐를 홈으로 불러들인 8라운드 경기에서 나왔다. 소시에다드는 전반 16분에 터진 호세바 요렌테의 선제골로 아슬아슬한 리드를 이어가고 있었고, 그리즈만이 70분에 사비 프리에토의 크로스 패스를 수비 뒷공간에서 총알처럼 달려 들어오며 헤더 슈팅으로 득점해 승리에 쐐기를 박을 수 있었다. 그리즈만은 키가 큰 공격수가 아니었지만, 저돌적인 문전 쇄도와 위치 선정 능력을 바탕으로 커리어 내내 중요한 헤더 득점을 다수 기록했다.

자신의 첫 라리가 시즌에 10개의 공격 포인트를 채운 그리즈만의 활약으로 소시에다드는 결국 15위로 1부리그 잔류에 성공했다. 하지만 소시에다드의 목표도, 그리즈만의 야망도 1부리그 잔류로 만족할 수 있는 것이 아니었고, 2011-12시즌 바르셀로나를 상대한 시즌 첫 홈 경기에서 헤더 득점으로 2-2 무승부를 이끌어 낸 그리즈만은 두 시즌 연속 두 자릿수 공격 포인트를 기록하며 소시에다드의 성적을 리그 12위로 끌어올렸다.

프랑스 출신 필립 몽타니에 감독이 2년 차가 되던 2012-13 시즌에는 직전 시즌 임대 선수로 맹활약을 펼친 멕시코 공격수 카를로스 벨라가 완전 영입되었다. 이때 유스 팀에서 배출한 '사비 알론소의 후계자' 아시에르 이야라멘디의 기량이 만개하면서 소시에다드의 상승세가 시작됐다. 개막 첫 2경기 연속 도움으로 시작해 아틀레틱 클럽과 빌바오 더비 2-0 승리를 이끌며 시즌 첫 골을 넣은 그리즈만은 발목 부상 여파로 빠진 3경기 등을 제외한 34경기에 출전해 10득점 5도움을 기록하며 소시에다드를 4위로 이끌었고, 10년 만에 UEFA 챔피언스리그 진출을 이뤄냈다. 그리즈만은 37라운드 레알 마드리드와 홈 경기에서 3-3 무승부를 이끌어 낸 자신의 9호 골로 5위에 있던 소시에다드를 4위로 끌어올렸고, 데포르티보 라 코루냐와 최종전 원정 경기에서는 1-0 승리의 결승골로 자신의 한 시즌 리그 첫 10호 골을 터트려 챔피언스리그 진출의 일등 공신으로 활약했다. 당시 데포르티보는 소시에다드전 패배로 20년 만의 2부리그 강등의 충격을 당했다. 그야말로 절체절명의 최종전에서 그리즈만이 역사적인 활약을 펼친 것이다.

그리즈만은 2013-14시즌 한층 더 발전된 기량을 과시하며 라리가 최고의 공격수 중 한 명으로 올라섰다. 필립 몽타니에 감독이 렌으로 떠나고, 이야라멘디가 레알 마드리드로 이적하는 등 어수선한 시즌 초반 분위기 속에서 소시에다드는 2라운드 엘체전부터 8라운드 라요 바예카노전까지 4무 3패로 7경기 동안 승리가 없었다. 이러한 초반 부진의 상황은 챔피언스리그까지 병행하던 야고바 아라사테 감독 체제의 전망을 어둡게 했다. 하지만 이번에도 구세주는 그리즈만이었다. 9라운드 발렌시아전에 자신의 리그 2호 골을 터트리며 2-1 승리를 이끈 이후 10라운드 알메리아전과 11라운드 바야돌리드전에 연속으로 멀티골을 기록하는가 하면, 오사수나전까지 4경기 연속골 및 3승 1무의 성적으로 강등권 추락 위기에 놓였던 소시에다드의 순위를 상위권으로 회복시켰다. 레알 마드리드와 13라운드 경기는 비록 1-5 참패였지만 그리즈만은 리그 5경기 연속골을 성공시키며 물오른 득점력을 과시했다. 14라운드 셀타비고전 4-3 승리 과정에 어시스트를 기록한 그리즈만은 15라운드 에스파뇰전부터 18라운드 빌바오전까지 다시 4경기 연속골을 기록해 무려 리그 10경기 연속 공격 포인트라는 성적으로 2013-14시즌 라리가 전반기에 리오넬 메시, 크리스티아누 호날두와 비견되는 최고의 공격수로 평가받았다.

특히 라리가의 양강을 상대로 꾸준히 득점포를 가동해 온 그리즈만은 2014년 2월 22일 바르셀로나와 홈 경기에서 1골 1도움의 원맨쇼를 펼치며 3-1 승리를 주도했고, 2013-14시즌 16득점 4도움으로 라리가에서만 20개의 공격 포인트를 달성하며 유럽 유수의 빅클럽의 쏟아지는 러브콜을 받았다. 또한 직전 시즌 팀 내 최다 득점자였던 벨라와 더불어 라리가 16득점, 전체 공식 경기 19득점으로 공동 최다 득점 선수로 랭크되기도 했다. 하지만 챔피언스리그 조별리그 1무 5패 탈락이라는 실망감(*소시에다드가 다시 챔피언스리그 본선에 나선 것은 2022-23시즌으로 다시 10여 년의 시간이 걸렸다)과 더불어 라리가 최종 성적 7위에 그친 시즌 성적은 그리즈만으로 하여금 더 큰 팀으로의 도전을 선택하게 했다. 그리즈만은 당시 소시에다드와 맺은 계약 안에 존재한 3000만 유로의 바이아웃 조항으로 2014년 7월 28일 아틀레티코 마드리드 이적을 결정하며 첫 프로 클럽에서의 여정을 5년 만에 마무리했다.

REAL SOCIEDAD

레알 소시에다드 역대 최고의 외국인 선수들

TOPIC 순혈주의를 표방하는 아틀레틱클럽 빌바오와 '바스크 더비'를 펼치며 라이벌 관계를 형성한 레알 소시에다드는 개방 정책을 통해 성과를 냈다. 창단 후 76시즌을 라 리가에서 보냈고, 2부리그로 내려간 것은 겨우 16시즌에 불과할 정도로 꾸준히 스페인 축구를 대표해 온 클럽임은 분명하다. 1980-81시즌과 1981-82시즌에 2연속 라리가 우승을 이뤘고, 1909년 최초 우승 이후 1987년과 2020년에 코파델레이도 총 3회 우승했으며, 1982년 수페르코파 데 에스파냐 우승까지 차지하며 스페인 내 메이저 대회 우승만 6회를 기록했다.

외국인 선수 영입을 허용하는 바스크 지역 클럽으로서 그 시작점이 된 아일랜드 공격수 존 앨드리지가 최초의 비 바스크 선수로 소시에다드에 합류한 것은 1989년의 일이다. 현재까지 리그 경기 기준으로 100경기 이상 출전하거나 자국 대표선수로 활동하며 이름이 알려진 소시에다드 외국인 선수는 30명 정도다. 이 30인 리스트 안에는 2003년 한국인 1호 스페인 라리가 진출을 이룬 이천수도 있다. 직전 시즌 라리가 준우승을 차지한 레알 소시에다드가 2002 한일 월드컵 4강 신화를 이룬 뒤 울산 현대 호랑이(현 울산HD FC)에서 연일 득점포를 가동하며 주가를 높이는 이천수를 과감하게 영입한 것이다. 이천수가 레알 소시에다드에 입단할 당시 바르셀로나와 레알 마드리드가 각각 호나우지뉴와 데이비드 베컴을 영입하면서 스페인 현지 언론은 세 명의 주목할 외국인 선수로 이천수를 크게 소개하기도 했다. 하지만 이천수는 현지 적응에 어려움을 겪었고, 누만시아로 임대 생활을 거쳐 2년 만에 울산으로 돌아오면서 라리가 진출이 실패 사례로 남았다. 이후 레알 소시에다드는 레드불 잘츠부르크 소속으로 유로파리그에서 좋은 경기를 펼친 황희찬을 영입 리스트에 올렸지만, 우선순위로 심었던 산드로 라미레스 영입에 성공하면서 이는 무산으로 돌아갔다.

현재 레알 소시에다드 선수단에는 다수의 외국인 선수가 활약하고 있는데, 일본 대표 윙포워드 구보 다케후사가 2022년 여름 입단해 첫 시즌 9득점, 2023-24시즌 7득점 등을 기록했고, 또 한 번 소시에다드를 챔피언스리그 무대에 진출시키며 새로운 외국인 스타로 인기를 모으고 있다. 구보는 바르셀로나 유소년 팀에서 성장해 스페인어에 능통하며 스페인 문화 적응이 끝난 선수라는 점에서 그동안 아시아 선수들이 실패를 거듭해 온 라리가 무대의 몇 안 되는 성공 사례가 됐다.

11
GRIEZMANN
앙투안 그리즈만
FRANCE 🇫🇷

그리즈만은 아직까지 레알 소시에다드의 역대 외국인 선수 출전 3위, 득점 5위에 자리 잡고 있을 정도로 5년간 인상적인 활약을 펼쳤다. 외국인 선수로 200경기 이상을 소화한 4명 중 한 명이며, 50골 이상을 기록한 5명 중 한 명이다.

2009 — 2014

통산	202 경기	52 득점
라리가	80 경기	46 득점*
코파델레이	14 경기	5 득점
유럽 대항전	8 경기	1 득점

*2부리그 포함 기록

11
KOVAČEVIĆ
다르코 코바체비치

SERBIA

세르비아 대표 출신 공격수로 187센티미터의 장신에 힘과 속도, 높이, 결정력을 두루 겸비했다. 1995년 잉글랜드 클럽 셰필드 웬즈데이에서 해외 경력을 시작했고, 1996년 소시에다드에 입단해 펼친 활약을 통해 1999년 당시로서는 거액인 1200만 파운드에 이탈리아 명문 클럽 유벤투스로 이적했다. 유벤투스 입단 첫 시즌에 챔피언스리그 무대를 중심으로 맹활약해 시즌 20골을 달성했으나 두 번째 시즌에 다비드 트레제게가 합류하면서 주전 경쟁에서 밀렸다. 이후 라치오로 이적했다가 2001-02시즌 도중 소시에다드로 돌아왔다. 전성기 대부분을 소시에다드에서 보낸 코바체비치는 무려 9년 동안 활약하면서 역대 최고의 외국인 선수로 인정받았다. 2007년 그리스 명문 클럽 올림피아코스로 이적했으나 심장 이상 진단을 받아 2009년 은퇴했다.

1996 ~ 2007

경기	득점	
284	107	통산
261	92	라리가
10	5	코파델레이
13	10	유럽 대항전

11
VELA

카를로스 벨라

MEXICO 🇲🇽

멕시코 17세 이하 대표 선수로 2005년 FIFA U-17 월드컵 우승과 득점왕을 차지하며 주목받았다. 2005년 11월 프리미어리그 클럽 아스널과 전격 계약했으나, 워크퍼밋 발급 문제로 인해 곧바로 1군 경기에 나서지 못하면서 스페인 클럽 셀타비고, 살라망카, 오사수나 등에서 임대 선수로 뛰며 유럽 무대에 적응했다. 2008-09시즌부터 2010-11시즌까지 아스널 1군 팀에서 활약했으나 주로 로테이션 멤버로 뛰었고, 2011-12시즌 레알 소시에다드로 임대되어 라리가에서 12골을 기록한 뒤 완전 이적했다. 왼발잡이에 빠르고 기술이 좋으며 득점력이 출중한 벨라는 그리즈만과 비슷한 장점을 가지고 있지만, 그리즈만은 포워드 성향의 경기를 펼치며, 벨라는 윙어에 조금 더 가깝다고 할 수 있다. 벨라는 그리즈만이 아틀레티코 마드리드로 이적한 이후 2선 공격의 중심 역할을 했고, 2017-18시즌을 앞두고 메이저리그사커 클럽 LA FC와 계약에 합의했다. 2017-18시즌 전반기 마지막 경기였던 세비야와의 경기에 득점하며 3-1 승리를 남기고 아름다운 이별을 했다.

2011 — 2018

	경기	득점
통산	250	73
라리가	219	66
코파델레이	19	4
유럽 대항전	12	3

11
KAHVECI
니하트 카베시

🇹🇷 *TÜRKIYE*

이천수가 소시에다드에서 활동하던 기간 함께 하면서 국내 팬들에게도 친숙한 윙어. 175cm로 체구는 작아도 빠르고 기술력과 득점력이 뛰어나 그리즈만과 가장 유사한 타입의 전 외국인 선수다. 튀르키예 명문 클럽 베식타시에서 커리어를 시작했고, 2002 한일 월드컵 4강 신화도 함께했다. 다만 당시에는 후보 선수로 조별리그 1경기에만 교체 출전했다. 이후 유로2008대회에서 체코를 상대로 멀티골을 기록하는 등 4강 진출의 핵심 역할을 했다. 아쉽게도 독일과 준결승전에서는 부상으로 뛰지 못했다. 2002년 1월 이적시장을 통해 500만 유로 이적료로 소시에다드에 합류한 니하트는 2002-03 시즌 바스크 더비로 열린 라리가 개막전에서 멀티골을 기록하여 4-2 승리를 이끌었고, 해당 시즌에 23골을 몰아치며 라리가 준우승의 핵심으로 활약했다. 이는 당시 레알 마드리드의 호나우두의 기록과 같은 수치로, 니하트는 코바체비치와 함께 완벽한 '빅 앤 스몰' 투톱의 교과서로 불렸다. 이러한 활약으로 맨체스터 유나이티드, 첼시 등 프리미어리그 클럽의 관심을 받았지만 2006년 여름 소시에다드와 계약 만료로 비야레알에 자유 계약으로 입단했다. 이적 후 2006년 11월 십자인대 부상을 겪으며 예전의 폭발력을 재현하지 못했다. 2011년 친정팀 베식타시에서 현역 생활을 마무리했다.

2001 ~ 2006

142 경기	58 득점	통산
133 경기	58 득점	라리가
1 경기		코파델레이
8 경기		유럽 대항전

11 JOSE
윌리안 주제
BRAZIL

189cm의 장신에 뛰어난 위치 선정 능력과 문전에서의 결정력을 자랑하는 정통 9번 공격수. 코바체비치 이후 소시에다드에서 활약한 외국인 스트라이커 중 가장 준수한 활약을 펼쳤다. 브라질 20세 이하 대표 출신 공격수로 상파울루, 그레미우, 산투스 등 브라질 유수의 명문클럽을 거쳐 2014년 레알 마드리드 2군 팀과 계약하며 스페인 무대에 입성했다. 레알 마드리드 1군 팀 진입이 쉽지 않아 사라고사, 라스 팔마스 등 임대를 통해 실력을 입증한 뒤에야 2016년 레알 소시에다드와 5년 계약을 맺었다. 소시에다드에서 첫 네 시즌에 내리 두 자릿수 리그 득점을 기록한 윌리안 주제는 거듭된 프리미어리그 클럽의 러브콜에 2020-21시즌 도중인 2021년 1월 겨울 이적 시장을 통해 울버햄프턴 원더러스로 임대 이적했으나 적응에 어려움을 겪어 완전 이적 조건이 발동되지 않았다. 그러나 소시에다드는 이미 윌리안 주제 없이 스쿼드 계획을 마친 상태였고, 그는 2021-22시즌 레알 베티스 임대를 통해 라리가 무대로 돌아왔다. 베티스에서 건재를 입증해 2022년 여름 850만 유로 이적료로 완전 이적했고, 2024년 여름 러시아 클럽 스파르타크 모스크바로 이적하며 라리가 무대를 떠났다.

2016 2021

통산	170 경기	62 득점
라리가	143 경기	52 득점
코파델레이	14 경기	4 득점
유럽 대항전	12 경기	6 득점

Atletico Madrid

라리가의 삼대장

리오넬 메시와 크리스티아누 호날두가 세계 축구를 양분하던 시절, 오직 레알 마드리드와 FC 바르셀로나의 엘클라시코만이 스페인 라리가의 주목을 받았다. 아틀레티코 마드리드의 등장은 신선한 바람이자 혁명이었고, 그 돌풍은 이베리아 반도를 넘어 전 유럽을 흔들었다. '세계 최고의 선수'를 두고 겨루던 '메호 대전'에 파열음을 낸 그리즈만은 두 선수와 어깨를 나란히 하는 '삼대장'으로 꼽혔다. 메시의 화려함과 호날두의 근면함을 한 몸에 지닌 그리즈만의 강점은 어떻게 빛날 수 있었을까?

> 그리즈만에 대해 얘기하는 건, 마치 다섯 명의 선수가 하나로 뭉쳐있는 Pack을 얘기하는 것과 같다. 그는 자신이 중요함을 느끼고, 지지를 받으며, 그 누구도 그를 지울 수 없는 곳에서 플레이한다. 그리즈만은 아틀레티코의 리오넬 메시이다.

_ **키코 나르바에스** 전 아틀레티코 공격수

01　시메오네와 전성시대, 라리가의 삼대장

2014년 7월, 2014 브라질 월드컵에 참가한 이후 프랑스 공격수 앙투안 그리즈만은 23세의 나이에 아틀레티코 마드리드로 이적했다. 스페인 스포츠지 '마르카'는 7월 27일자 뉴스를 통해 레알 소시에다드와 아틀레티코가 그리즈만의 이적에 합의했다고 보도했다. 이적 조건은 실제 그의 가치에 미치지 않는 3000만 유로(약 414억원)로 알려졌다. 그리즈만이 소시에다드와 계약에 포함했던 바이아웃 조항에 해당하는 금액이다.

그리즈만은 AS모나코, 토트넘 홋스퍼 등과 연결되었으나 디에고 시메오네 아틀레티코 감독 아래서 더 발전할 수 있다는 기대감 속에 합의가 이루어진 것으로 전해졌다. 그리즈만은 득점과 도움에 모두 기여할 수 있는 선수라는 점에서 시메오네 감독의 마음을 사로잡았다. 그리즈만은 지난 시즌 라리가에서 16골을 넣었고, 전체 경기에서 20골을 기록했다. 그 이전에는 도움에 탁월한 능력을 보이기도 했다. 그리즈만은 프랑크 리베리의 부상으로 2014 브라질 월드컵에서 꾸준한 출전 기회를 얻어 리베리의 자리를 이어받았다. 소시에다드에서와 마찬가지로 선참의 부상 공백으로 찾아온 기회를 자기 힘으로 움켜쥔 것이다.

ATLETICO MADRID

그는 절대적으로 기본에 충실하다.
그는 자신을 위해서가 아니라
팀을 위해 뛰기 때문에
한계가 없는 훌륭한 선수다.

_ 필리피 루이스 전 아틀레티코 수비수, 브라질 대표팀 레프트백

시메오네 감독이 직접 설득해 아틀레티코 입단을 결정한 그리즈만은 메시의 바르셀로나, 호날두의 레알 마드리드가 매 시즌 최고를 경쟁하던 라리가에 새로운 파문을 일으키며 '삼대장' 시대를 열었다. 아틀레티코가 인간계 최강으로 불린 공격수들을 차례로 배출해 온 것은 우연이 아니다. 유망한 재능을 알아보는 아틀레티코의 뛰어난 스카우팅 능력과 더불어 선수의 잠재력을 극대화할 수 있는 '육성가'이자 전술적 디테일을 갖춘 '이론가', 승리를 위한 방식에 몰두하는 '승부사' 디에고 시메오네 감독이 있었기 때문이다. 그리즈만은 아틀레티코를 거쳐 간 라리가 최고의 득점 기계들을 뛰어넘은 '축구 도사'로, '크랙'이라는 평가를 받으며 메시와 호날두만이 존재하는 것 같았던 '신계'의 문을 노크했다.
2014년 8월 22일 레알 마드리드와 수페르코파 데 에스파냐 2차전 경기에서 첫 도움을 기록하며 아틀레티코 커리어를 시작한 그리즈만은 적응을 위한 전반기를 보낸 이후 후반기에 본격적으로 시메오네 축구에 적응한 뒤 아틀레티코의 챔피언스리그 8강 진출을 이끌었다. 시즌 막판 라리가 경기에서도 연속골과 리그 22호 골을 기록해 호날두, 메시의 두 신계 선수의 뒤를 이어 '초신성' 네이마르와 공동 득점 3위를 차지하며 성공적인 첫 시즌을 보냈다. 2015-16시즌에는 공격 지역의 프리롤을 맡아 본격적으로 득점력이 만개했다. 마드리드 더비를 포함해 라리가 7경기 연속골을 달성했고, 바르셀로나를 상대한 챔피언스리그 8강 2차전에 멀티골을 기록하며 4강 진출을 이끄는 등 레알 마드리드와 바르셀로나를 무너트릴 수 있는 치명적인 능력을 입증했다. 라리가 우승은 바르셀로나, 챔피언스리그 우승은 레알 마드리드가 차지했지만 그리즈만은 2015-16시즌 라리가 올해의 선수상을 수상하며 '메시와 호날두' 양강 독주 시대에 파장을 일으키는 '삼대장 시대'의 시작을 알렸다.
그렇다면 시메오네 감독은 그리즈만을 어떻게 활용하고 성장시켰을까? 바르셀로나와 바이에른 뮌헨, 맨체스터 시티를 지휘하며 당대를 넘어 축구 역사상 최고의 감독으로 평가받은 펩 과르디올라 감독의 사상적 라이벌로 불린 시메오네 감독의 존재는 그리즈만이 라리가 역대 최고의 선수 반열에서 평가받을 수 있는 큰 역할을 했다. 단 하나 아쉬운 것은 시메오네 감독도, 그리즈만도 모든 메이저 타이틀을 섭렵했지만 그 정점이라고 할 수 있는 UEFA 챔피언스리그 우승을 이루지 못했다는 것이다.

Miguel Angel Díaz
미겔 앙헬 디아스 컬럼

레알 소시에다드와 우루과이
아틀레티코로 이어진 운명

스페인 최대 축구 전문 매체 '마르카'에서 오랜기간 마드리드를 기반으로 취재했고, 지금은 스페인 유력 라디오 방송 '카데나 코페'에서 현장을 누비고 있는 미겔 앙헬 디아스 기자가 그리즈만이 스페인에 자리잡고 성장하는 과정 속에 알려지지 않았던 숨은 이야기를 소개한다. 또한 필자가 직접 그리즈만을 육성한 레알 소시에다드 훈련장을 방문해 그리즈만이 활동하던 시절에 일했던 테크니컬 디렉터와 유소년 디렉터를 직접 취재한 이야기를 통해 프랑스에서 외면한 그리즈만의 재능이 스페인에서 발현될 수 있었던 비밀을 공개한다.

앙투안 그리즈만의 축구계 입문은 쉽지 않았습니다. 사실 그 정반대로 가시밭길이었다고 할 수 있죠. 올랭피크 드 리옹, 소쇼, 생테티엔, 메츠, 오세르 등 키가 작다는 이유로 그를 거절한 프랑스 팀이 한두 군데가 아니었습니다. 심지어 한 팀은 뼈 성장 속도를 평가하기 위해 손목 엑스레이를 찍기도 했는데, 그 결과를 본 프랑스 북부 지역 연고 팀은 그리즈만의 입단을 결국 기각했습니다.

FC메츠는 그리즈만을 영입하고 부모님이 주말에 경기를 볼 수 있도록 기차표를 제공하겠다는 약속까지 했습니다. 하지만 메츠는 2주 후 이를 철회하고 그리즈만의 아버지에게 그의 성장을 지켜보라고 조언했습니다. 이러한 실망은 역경을 대하는 그리즈만의 불굴의 성격을 형성하는 데 도움이 되었습니다. 그리고 4개월 뒤에 그리즈만에게도 절호의 기회와 운명적인 사건이 찾아왔습니다. 레알 소시에다드의 비프로 레벨 선수 담당 스카우터였던 에릭 올랴츠 Eric Olhats가 아르헨티나를 방문했다가 부에노스 아이레스에서 출발하는 항공편이 연착되어 파리에서 비행기를 놓치는 일이 있었고, 시간이 비게 된 차에 올랴츠는 파리 생제르맹과 몽펠리에 유소년 팀 간의 선수 입단 테스트 축구 경기를 보러 갔는데, 이때 앙투안 그리즈만을 목격하게 되었던 것입니다. 그는 그리즈만을 주목했고 테스트 선수로 영입을 전격 결정했습니다.

MIGUEL ANGEL DÍAZ

레알 소시에다드 스카우트 올랴츠는 그리즈만이 다른 선수들과는 다른 옷을 입고 차에서 내리는 것을 목격했습니다. 모든 선수들이 소속 팀 훈련복을 입고 있었지만 그리즈만은 자메이카 유니폼을 입고 있었죠. 스카우트는 그런 그리즈만을 계속 주시했고, 해당 경기의 마지막 10분만을 뛴 그리즈만은 그 짧은 사이 두 골을 넣었습니다. 훈련 경기가 끝난 이후 에릭 올랴츠는 그리즈만의 관심을 끌기 위해 핑크 팬더 컵케이크와 그의 전화번호가 적힌 명함을 건넸고, 그의 부모님께 전화를 걸어 레알 소시에다드에서 입단 테스트를 해보자는 메시지를 전달했습니다.

그리즈만은 올랴츠와의 인연으로 13살의 나이에 레알 소시에다드 훈련장 수비에타Zubieta에 도착했습니다. 또래 선수들이 원정 대회에 참가하고 있었기 때문에 그리즈만은 자신보다 나이가 많은 선수들과 함께 일주일 동안 입단 테스트격의 훈련을 시작했습니다. 당시 레알 소시에다드 클럽은 철학의 변화를 겪고 있었는데, 기술적인 자질이 신체적인 자질보다 우선시되기 시작했던 시기였죠. 그리즈만에게는 불리한 여건이었다고 할 수 있습니다. 그래서 그리즈만은 또래 선수들이 원정에서 돌아온 뒤에 함께 또 다른 테스트 기간을 가져야 했습니다.

올랴츠는 6년 동안 그리즈만의 고향인 마콩과 리옹에서 약 60km 떨어진 수비에타의 중간 지점인 바요나Bayona에 있는 자신의 집에서 그를 입양해 지냈습니다. 올랴츠는 1시간 정도 걸리는 훈련장까지 그리즈만을 데려다 주며 부모를 대신해 그를 돌봤습니다. 어린 그리즈만은 집을 떠나 가족들과 떨어져 지내는 생활이 매우 힘들었습니다. 특히 해가 일찍 어두워지는 겨울날이 가장 힘들다고 회고합니다. 종종 바요나로 비행기를 타기 위해 공항으로 가는 날이면 아버지는 차 안에서 우는 앙투안의 모습을 안쓰럽게 지켜봤죠. 목적지 근처의 갈림길에서 아버지는 차를 세우고 아들에게 공항으로 갈 것인지 집으로 돌아갈 것인지 물어보곤 했습니다. 그러나 앙투안은 국경을 넘으면 어떤 일이 기다리고 있는지 알면서도 결코 물러서지 않았습니다.

그리즈만은 스페인어를 모른 채 산 세바스티안에 도착했지만 스카우트 올랴츠가 그에게 많은 것을 가르쳐주었습니다. 산 세바스티안에서 열린 국제 청소년 토너먼트에서 초반 그리즈만의 활약은 눈에 띄지 않았습니다. 하지만 이 대회에서 그리즈만은 '라 레알'의 가장 큰 라이벌이자 자신의 커리어에서 가장 좋아하는 '희생양' 중 하나인 아틀레틱 빌바오를 상대로 첫 골을 터뜨렸습니다.

라울, 구티, 카시야스, 부스케츠, 차비, 과르디올라, 에투, 패트릭 클루이베르트, 데이비드 베컴, 사비 알론소같이 엄청난 선수들이 거쳐간 대회에서 그리즈만은 처음으로 여러 클럽의 관심을 받게 되었습니다. 올하트는 당시 레알 소시에다드 클럽의 스포츠 디렉터였던 로베르토 올라베에게 그리즈만이라는 진주가 팀에서 빠져나가지 않도록 한 걸음 더 나아가야 한다고 계속 주장했습니다. 그리즈만이 특별한 소년이고 다른 선수들과 다르다는 것을 반복해서 강조했죠.

레알 소시에다드와 우루과이 아틀레티코로 이어진 운명

스페인 현지 취재 당시 직접 촬영한 레알 소시에다드
수비에타 훈련장의 1군 팀 훈련 그라운드 전경

MIGUEL ANGEL DÍAZ

나는 어린 선수들을 일찍 소진시키는 것을 좋아하지 않아요.
우리는 좋은 프로젝트를 진행 중이지만 그게 전부입니다.

마르틴 라사르테

하지만 레알 소시에다드는 그리즈만의 출신지보다 집에서 더 가까운 곳에서 온 유망주들을 선호했고, 이에 어긋나지 않도록 새롭게 세운 전략이 바로 그리즈만을 클럽이 지배하는 프랑스 바스크 지방의 이파랄데Iparralde 출신인 것처럼 보이게 하자는 계획이었습니다.

그리고 그리즈만의 인생은 2009년 여름에 바뀌게 됩니다. 18세의 나이로 유소년 팀 '후베닐'에서 뛸 나이였지만 레알 소시에다드 2군 팀(B팀)인 '산세'에서 첫 시즌을 시작하던 중 마르틴 라사르테Martin Lasarte 감독이 그를 1군으로 불러들인 것입니다. 당시 그리즈만은 아나이타수나와 친선 경기에 참가했습니다. 라사르테는 그리즈만의 인생에 많은 영향을 미치게 된 '우루과이 출신 축구인' 중에서 처음으로 그리즈만의 길을 열어준 인물로, 그리즈만의 커리어에 큰 힘이 되어준 인물입니다.

당시 그리즈만과 함께 2군 팀에서 뛰던 동료 선수 빙겐이 1군 팀에 차출되었지만, 왼발잡이 미드필더의 공백에 생기게 되면서 그리즈만이 1군 팀 버스에 올라 첫 출전 시간을 갖게 되었습니다. 아나이타수나와 경기 후반전에 출전해 2골을 넣는 등 좋은 활약을 펼친 그리즈만은 이어서 열린 바라칼도 친선경기에 다시 한 번 소집되었습니다.

그리즈만은 바라칼도전에 라사르테 감독이 벤치에서 교체 출전 지시를 내린 첫 번째 선수였죠. 그리즈만은 처음 만진 공을 통해 골키퍼를 제치고 멋진 왼발 슛으로 세 번째 골을 넣었습니다. 그리고 몇 분 뒤에는 다시 골키퍼와 일대일로 맞선 상황에서 완벽한 슈팅으로 골키퍼를 제치고 확실한 득점왕이 되었습니다. 경기 후 언론의 큰 주목을 받게 된 그리즈만은 "나는 아직 1군에 들어갈 자리가 없다고 생각하며, 산세에서 프리시즌을 보내고 있는 유소년 선수다"라고 차분하게 인터뷰해 큰 주목을 받게 되었습니다.

이때부터 레알 소시에다드 팬들은 그리즈만이 어디에서 온 선수인지 궁금해했습니다. 마르틴 라사르테 감독은 두 번의 친선 경기에서 4골을 넣은 그리즈만의 자질을 강조하면서도 침착함을 유지했습니다.

아직 연마되지 않은 다이아몬드로 여겨진 그리즈만은 레알 소시에다드 1군 팀의 문을 두드리는 동시에 바로 무너뜨렸습니다. 그리즈만은 심지어 2군 팀의 공식 경기를 한 번도 뛰지 않고 건너 뛰면서 1군 커리어를 시작하게 되었습니다. 이 과정에서 그리즈만을 지도한 레알 소시에다드 코치 중 한 명은 그리즈만을 경기장 한쪽 구석으로 데려가 맨발로 벽에 튕겨 나오는 공을 다룰 수 있도록 지시하며 그의 볼 컨트롤 능력을 완벽하게 훈련시켜야 했던 비화도 있었습니다.

결국 그리즈만은 2009-10 시즌 내내 1군에서 뛰었고 첫 선발 출전한 우에스카를 상대로 첫 골을 넣었습니다. 그리즈만은 겨우 18세의 나이에 친분이 두터웠던 1군 팀 선배 카를로스 부에노와 사비 프리에토에 이어 6골로 팀 내에서 세 번째로 많은 득점을 기록했습니다. 또한 40경기로 가장 많은 경기에 출전한 필드 플레이어가 되기도 했습니다.

앞서 이야기한대로 마르틴 라사르테 감독이 그의 커리어에 영향을 준 최초의 우루과이인이었죠. 호나탄 에스트라다의 부진으로 그리즈만은 곧 확실한 주전으로 자리 잡았고, 레알 소시에다드가 1부 리그 복귀하는 데 핵심적인 역할을 했습니다. 그리고 1부 리그 승격을 이룬지 4년 만에 레알 소시에다드는 UEFA 챔피언스리그에 진출했습니다.

MIGUEL ANGEL DÍAZ

라커룸에서 부에노는 그리즈만에게 동료에 대한 열정을 심어준 첫 번째 선수였습니다. 우루과이 출신 선수 부에노는 앙투안 그리즈만을 차에 태워 훈련장에 데려다 주곤 했는데, 그리즈만은 그럴 때마다 항상 부에노가 휴대하던 보온병에 담긴 마테를 쳐다봤습니다. 어느 날 그리즈만은 "나도 마셔보고 싶다"고 말했죠. 그 이후로 '마테 차'는 앙투안에게 없어서는 안 될 음료가 되었습니다. 그뿐 아니라 부에노 덕분에 둘세 데 레체를 맛보기 시작했고 우루과이 명문 축구 팀 페냐롤의 팬까지 되었습니다. 두 사람은 함께 페냐롤 경기를 보며 응원하곤 했죠.

산 세바스티안에서 프로선수 생활을 하는 동안 그리즈만은 비디오 게임과 미국 프로농구 NBA에 중독되기도 했습니다. 농구에 대한 그의 열정을 불러일으킨 것은 라커룸에서 다른 대화 주제가 없었던 카를로스 벨라 때문이었습니다. 그리즈만은 유튜브를 검색하며 팀을 찾아보다가 시카고 불스의 선수 로즈와 사랑에 빠졌습니다. 몇 년 후, 그의 꿈이 이루어졌죠. 그리즈만은 로즈의 경기를 직접 보기 위해 미국으로 여행을 떠났습니다. 그 후로 그리즈만은 틈만 나면 항상 NBA 경기를 보러 미국 여행을 떠납니다. 또한 그리즈만의 비밀 중 하나는 그의 바지 속에 숨겨져 있었습니다. 어린 시절 그리즈만은 만화 시리즈 스폰지밥 네모바지의 열렬한 팬이었습니다. 그래서 그리즈만은 TV 만화 캐릭터 스폰지밥이 그려진 복서를 유니폼 바지 안에 입고 많은 경기를 뛰었습니다. 여러 차례 방송 중 텔레비전 카메라에도 이 모습이 포착됐습니다. 일부 팀 동료 선수들은 라커룸에서 만화 주인공이 그려진 내의를 입는 그리즈만을 놀려댔지만, 그리즈만은 이 속옷이 자신에게 행운을 가져다준다고 생각했기 때문에 신경 쓰지 않았습니다.

레알 소시에다드에서의 활약이 이어진지 얼마 지나지 않아 그리즈만은 프랑스 청소년 대표팀에 발탁되었습니다. 하지만 훈련 캠프 중 한 곳에서 그는 어린 마음에 저지른 잘못으로 큰 대가를 치를 뻔한 일도 있었습니다. 이 사건이 그리즈만의 커리어에 처음으로 발생한 오점이었죠. 그리즈만이 벤 예데르, 음빌라, 마베가, 니앙 등 다른 팀 동료들과 함께 코치의 승인을 받지 않은 출국 일정을 잡았던 것입니다. 그들은 르아브르와 파리 사이의 거리를 잘못 판단하여 경기 시간에 맞춰 도착하지 못할 뻔했습니다. 1년 자격 정지라는 가혹한 징계를 받았지만, 네 명 중 누구도 항소하지 않았고 게다가 그 이후에는 아무도 그 일을 가지고 농담을 하지 않았습니다. 그것은 금기시되는 주제가 되었습니다. 큰 대가를 치렀지만 그리즈만은 교훈을 얻었고, 다행히도 레알 소시에다드에서 마지막 시즌을 보낸 2014년 3월에 시니어 데뷔를 한 레알 블로스에서의 선수 생활에는 지장이 없었습니다.

MIGUEL ANGEL DÍAZ

산 세바스티안에서 그리즈만이 유일하게 실패한 것은 프리킥 골을 넣는 것이었습니다. 그는 훈련이 끝나면 클라우디오 브라보와 함께 며칠을 연습했습니다. 그리고 아틀레티코 마드리드의 빨간색과 흰색 유니폼을 입고 우니온 데포르티바 라스 팔마스를 상대로 직접 프리킥으로 데뷔전을 치렀습니다. 이 골은 약간의 반칙이 있었지만 그에게 매우 중요한 골이었습니다.

그리즈만은 자신의 가장 큰 보물인 아내 에리카^{Erika}를 만난 것 역시 산 세바스티안에서의 일입니다. 두 사람은 많은 학생들이 자주 찾는 카페에서 만났지만 앙투안이 첫 프리킥 골을 넣는 데 걸린 시간만큼이나 아내의 마음을 얻는 데도 오랜 시간이 걸렸습니다.

마드리드에서 그들은 시메오네의 이웃이었습니다. 그리즈만 부부는 시메오네가 마드리드 북서쪽의 고급 개발 지역인 라 핀카^{La Finca}로 이사할 때 그에게 이 점에 대해 이야기했습니다. 같은 동네에 사는 것과 감독이 맞은편 집에 사는 것은 전혀 다른 문제이기 때문이죠. 다행히 시메오네의 집은 조금 위쪽에 있어서 서로 마주치지 않는다고 합니다. 또, 특유의 친밀한 성격 덕분에 에리카는 '촐로' 시메오네 감독의 아내 카를라^{Carla}와 친한 친구가 되었습니다. 뿐만 아니라 두 부부의 딸들도 뗄래야 뗄 수 없는 사이가 되었습니다. 그의 팀 동료인 코케^{Koke}도 현재 이 지역에 살고 있습니다.

또 다른 우루과이인 디에고 고딘^{Diego Godín}은 그의 또 다른 절친이 되었습니다. 우루과이 대표수비수 고딘이 그리즈만에게 아틀레티코와 계약할 것을 권유했고, 앙투안의 로스트를 완벽하게 만들어주었습니다. 우루과이에서는 고딘이 그리즈만을 연기한 '라스 밀라네사 데 라 마드레' 광고가 유명해졌고, 이 광고에서 고딘은 그리즈만과 함께 연기했습니다. 절친 디에고는 그리즈만의 막내 딸의 대부이기도 합니다. 그리즈만은 우루과이에 대한 사랑이 너무 커서 러시아 월드컵에서 프랑스의 준결승 진출을 결정지은 득점에서도 골 세리머니를 하지 않았는데, — 보통 자신의 친정팀을 상대로, 특히 친정팀의 홈 경기장에서 득점하는 경우 이런 경우가 있는데 국가대표팀 간 경기에서는 보기 드문 사례죠. — 이 일로 앙투안은 고국에서 비난의 화살을 맞았지만, 그보다 우루과이에 대한 사랑과 존경이 먼저 앞섰던 결정이었습니다.

레알 소시에다드와 우루과이 **아틀레티코로 이어진 운명**

가족 같은 사이로 알려진 우루과이 수비수 디에고 고딘(왼쪽)과
그리즈만(오른쪽)이 스페인 마하다혼다에서 함께 훈련하는 모습

Did You Know ?

유럽 축구 현장의 가까운 곳에서 그리즈만의 전성기를 목격한 미겔 앙헬 디아스 기자는 경기력 외적으로 화제가 되는 그리즈만의 숨은 이야기를 소개한다.

1

프랑스와 함께 러시아 월드컵에서 우승한 후, 그리즈만은 또 다른 꿈이 실현되는 것을 목격했습니다. 출판사 'B 데 블록'이 그가 세계 최고의 선수가 되기까지의 이야기를 담은 본인의 삶을 바탕으로 직접 쓴 만화 시리즈 '캄페온!'을 출판해 그리즈만이 만화책의 주인공이 된 것입니다.

2

바타클랑 나이트클럽 테러가 발생한 날 밤은 그의 인생 최악의 트라우마로 남아있습니다. 그날 파리에서는 프랑스와 독일이 국가대표 경기를 치르고 있었고, 그리즈만은 어머니에게 여동생이 그날 밤 바타클랑에서 열린 콘서트에 참석했다는 사실을 전해 들었습니다. 새벽 2시가 넘어서야 다행히 여동생은 무사히 공연장을 떠난 상태라는 것을 알게 되었죠.

3

그리즈만 세리머니의 기원은 어디서 왔을까요? 아틀레티코에서의 마지막 달과 러시아 월드컵 기간에는 앙투안이 가장 좋아하는 인기 서바이벌 비디오 게임인 포트나이트 배틀로얄에 경의를 표하기 위해 오른손으로 'L'자를 만들고 다른 한 손은 허리에 댄 자세로 골을 축하하는 세리머니를 선보였죠. 드레이크 콘서트에 참석했다가 캐나다 래퍼의 실력에 매료되어 득점할 때마다 드레이크의 춤 중 하나인 '핫라인 블링'을 따라 하기도 했습니다.

4

그리즈만은 크리스마스에 바르셀로나 구단이 선수들에게 아무것도 주지 않았다는 사실을 알고서, 산타클로스 복장을 하고 시우타트 에스포르티바 훈련장에서 선수들 한 명 한 명에게 선물하기도 했습니다. 그리즈만은 프랑스 명품 브랜드인 루이비통의 제품과 액세서리를 선물했다고 합니다. 바르사 선수들은 바야돌리드에서 열린 리그 경기에서 3-0으로 승리하고 돌아와서 그리즈만의 크리스마스 선물을 받았습니다. 그리즈만이 선수 커리어 중 팀 동료들에게 선물한 것은 이뿐만이 아니었습니다. NBA 애호가인 그리즈만은 프랑스 대표팀과 아틀레티코에서 월드컵과 리그 우승을 차지한 후 팀 동료들에게 우승 반지를 선물했습니다.

5

그의 세 자녀 미아, 아마로, 알바는 같은 날인 4월 8일에 태어나 생일이 같습니다.

2014 – 2019

		출전	득점	도움	출전 시간
2014-15	라리가	37	22	3	2474
	코파델레이	5	1	2	303
	챔피언스리그	9	2	-	537
2015-16	라리가	38	22	6	3056
	코파델레이	3	3	-	190
	챔피언스리그	13	7	1	1138
2016-17	라리가	36	16	8	3067
	코파델레이	5	4	2	424
	챔피언스리그	12	6	2	1068
2017-18	라리가	32	19	9	2530
	코파델레이	3	2	-	183
	챔피언스리그	6	2	2	529
	유로파리그	8	6	4	630
2018-19	UEFA 슈퍼컵	1	-	-	57
	라리가	37	15	8	3203
	코파델레이	2	2	-	88
	챔피언스리그	8	4	2	720

RECORD
그리즈만의 아틀레티코 마드리드 1기 기록

02 보수적인 혁신, 시메오네 감독이 그리즈만과 이룬 철학적 성취

디에고 시메오네 아틀레티코 마드리드 감독은 바이에른 뮌헨과의 '2015-16 UEFA 챔피언스리그' 준결승 1차전 경기를 앞두고 전략의 중요성을 직접 말했다. 과르디올라와 시메오네 모두 전술 전략 면에서 극한의 준비로 승리를 끌어내는 감독으로 유명하다. 자연스레 당시 준결승 대결도 감독에 포커스가 맞춰졌다.

 # ATLETICO MADRID 1 : 0 BAYERN MUENCHEN

노이어

마르티네스 알라바

람 토레스 그리즈만 베르나트
알론소

코케 알칸타라 비달 사울

아우구스토 가비
더글라스 코망
필리피 루이스 후안프란

레반도프스키

사비치 히메네스

오블라크

2015-16시즌 챔피언스리그 준결승 1차전 라인업

두 감독의 성향은 많이 다르다. 시메오네 감독이 설명한 것처럼 과르디올라 감독은 혁신가다. 매 경기 새로운 것을 가져온다. 어떤 선발 명단에, 어떤 전형으로 나설지 예측하기 어렵다. 때로는 경기 중에도 상대 공략을 위해 변화무쌍한 변화를 시도한다.

반면 시메오네 감독의 방식은 익히 잘 알려져 있다. 강한 전방 압박. 물러선 상황에서는 타이트한 두 줄 수비. 독일 분데스리가 공식 홈페이지는 시메오네를 두고 "수비를 예술의 경지로 끌어올린 인물"이라고 설명했다.

경기 후 사비 알론소는 "놀란 것은 없다. 아틀레티코가 어떻게 경기를 할지에 대해선 이미 충분히 알고 있었다"라고 했다. 바이에른에 1-0 승리를 거둔 과정에서 아틀레티코가 전술적으로 새로운 점은 없었다.

화두는 바이에른이 아틀레티코의 기본 전략을 어떻게 흔들어 놓느냐였다. 시메오네 감독은 경기 전에 "승리 외에 다른 옵션은 생각하지 않고 있다"라고 했다. 1차전은 유행하는 데 이바지했다. 보수를 통한 혁신이다.

단지 과거의 방식을 차용한 것이 아니다. 시메오네 감독도 전술적 보수 작업을 거친다. 매 시즌 핵심 선수를 내주는 과정에서 능동적으로 대처했다. 올 시즌 같은 경우 다양한 유형의 공격수를 여럿 영입하며 공을 보다 많이 소유하고, 공격하는 방식으로 변화를 꾀했다. 결과적으로 기대를 걸었던 잭슨 마르티네스나 루시아노 비에토와 같은 선수들의 잠재력이 크게 표출되지 않으면서 본래 방식으로 돌아갔지만, 진보에 대한 의지가 없는 것은 아니다.

기반은 4-4-2 포메이션이지만, 운용법에 있어서는 유연성이 부족하지 않다. 점진적 개혁을 이루고있다. 최근 아틀레티코는 가비와 아우구스토를 중앙 미드필더로 두고, 좌우 측면에 사울 니게스와 코케를 배치하고 있다. 사울과 코케 모두 중앙과 측면, 공격형과 수비형 역할을 두루 소화할 수 있는 멀티 플레이어라는 점에서 시메오네 축구가 능동적으로 변할 수 있게 해주고 있다. 중앙 미드필더

> 과르디올라는 혁신가다.
> 바이에른은 좋은 선수가 많고, 좋은 감독을 보유하고 있다.
> 하지만, 전쟁에서 중요한 것은 얼마나 많은 병사를 갖고 있느냐 보다
> 그 병사들을 얼마나 잘 활용하느냐다.
>
> _ 디에고 시메오네

아틀레티코의 당시 홈 경기장 비센테칼데론에서 열렸고, 여기서 승리하지 못하면 뮌헨에서 열리는 2차전에서 운신의 폭이 크게 좁아진다. 애초에 아틀레티코는 전술 변화를 크게 가져가는 팀이 아니기 때문이다. 그래서 더더욱 실리적인 선택을 해야 하는 상황이었다. 과르디올라 감독은 축구계의 대표적 혁신가다. 이번 경기에서도 사비 알론소 앞에 티아고 알칸타라와 아르투로 비달을 배치해 세 명의 중앙 미드필더를 동시에 투입하는 새로운 명단을 들고 나왔다. 결과적으로는 실패였다. 후반전에 프랑크 리베리와 토마스 뮐러가 들어오면서 본래의 방식으로 돌아갔다.

시메오네 감독은 이런 점에서 비교적 보수적이라 할 수 있다. 전통적인 4-4-2 포메이션을 기반으로 명확한 역습형 축구를 구사한다. 어떤 면에서는 시메오네 감독이 혁신이었다. 4-2-3-1 포메이션이 주를 이루는 라리가, 4-1-4-1 포메이션을 통한 유기적 변화가 열쇠가 된 현대 유럽 축구 무대에서 복고적 4-4-2 포메이션이 다시 출신이라는 점에서 상대를 측면에 가두고 압박을 전개할 때 짜임새가 더 좋다. 공격 전개 상황에서도 양질의 패스를 공급하며 풀백의 오버래핑을 유도하고, 연계하는 과정이 매끄럽다.

코케는 페르난도 토레스의 부활을 이끈 열쇠다. 측면이나 배후에서 자신의 장기인 오른발을 통해 볼을 배급하던 코케는 토레스의 뒷자리를 점유하며 토레스의 장점을 살릴 수 있는 지원을 해주고 있다. 또한 코케, 혹은 사울, 앙투안 그리즈만 등이 공격 상황에서 토레스의 움직임에 맞춰 그 뒤를 받쳐주는 삼각형을 자주 만들어준다.

아틀레티코의 득점을 책임지던 그리즈만은 토레스와 투톱으로 설 때 교차 움직임을 비롯한 활발한 위치 변화를 통해 서로를 위한 공간을 만들어 주고 있다. 그리즈만 역시 스트라이커와 윙어, 공격형 미드필더 자리를 두루 볼 수 있는 멀티 자원이다. 이날 경기 후반 30분경 토레스가 골대를 때린 슈팅을 만든 과정에서도 그리즈만의 플레이가

효과적이었다. '엘 니뇨' 토레스의 부활 배경에는 그리즈만을 프리롤로 배치한 '투톱 구조'를 중심으로 한 팀 차원의 전술적 지원이 있었다. 사울은 심지어 수비수까지 볼 수 있는 전천후 선수다. 날이 갈수록 자신의 존재감을 높이고 있는 사울은 바이에른과 1차전에서 가장 중요한 역할을 했다. 전반 11분 만에 수비수 네 명을 무너트리는 개인 돌파에 이은 왼발 슈팅으로 선제골을 넣었다.

과르디올라 감독은 경기 후 기자회견에서 "선제골을 내주면서 분위기가 가라앉았다. 실점 상황에서는 우리 선수들의 리듬이 미진했다."라며 이 골이 이후 경기 진행에 큰 영향을 미쳤음을 밝혔고, 아틀레티코 공격수 토레스도 사울의 골이 나오면서 "우리가 하고자 했던 플레이를 하기 수월했다"라고 말했다.

스페인 미디어는 사울의 플레이를 디에고 마라도나의 천재적 솔로 플레이와 비교하기도 했다. 사울이 스페인 대표팀에 선발되어야 하는 여론이 급증했고, 바이에른에는 사울과 같은 대담한 플레이가 부족했다. 바이에른 골키퍼 마누엘 노이어는 "전반전에 우리 팀은 용기도, 적극성도 부족했다"라고 했으며, 과르디올라 감독은 "근래 들어 치른 최악의 전반전"이라고 자평했다. 쉽게 90%를 넘기던 패스 성공률은 80%대로 떨어졌는데, 전반전에는 쉬운 패스도 미스하는 장면이 나왔다. 철벽같은 아틀레티코의 플레이에 바이에른은 적잖이 당황한 모습이었다. 바이에른은 후반전에 본래의 리듬을 찾았다. 그러나 한 골을 앞서고 있는 아틀레티코가 골문을 굳건히 잠그기 시작하자 골을 만들기 어려웠다. 과르디올라 감독은 아틀레티코는 골키퍼의 실력이 훌륭하고 수비를 아주 잘하는 팀이며, 공격에서는 많은 기회를 만들지 못했지만 한 골을 만들 정도의 실력은 되는 팀이기에 어려웠다고 말했다.

아틀레티코는 디에고 고딘과 주앙 미란다라는 단단한 센터백 조합을 통해 1차 전성시대를 보냈다. 미란다는 인터밀란으로 떠난 지 오래였고, 수비진의 리더 고딘은 부상으로 빠졌다. 그러나 아틀레티코 수비는 같은 수준을 유지하고 있다. 개인이 아닌 조직의 힘이다. 이날 선발 수비수로 나선 히메네스-사비치 라인은 견고했다. 호세 히메네스는 최근 무모한 플레이로 질타를 받기도 했으나 고딘의 옆, 시메오네의 아래에서 착실하게 성장했고, 스테판 사비치도 자신의 잠재력을 현실화시켰다. 수비진은 자연스럽게 세대교체를 이루고 있다. 1월에 영입한 미드필더 아우구스토는 신의 한 수라 부를 수 있을 만큼 안정적으로 공수 과정에 기여하고 있다. 티아구의 부상 공백을 메우는 것은 물론 가비의 부담을 덜어주며, 코케, 사울이 공격적으로 올라갈 때 균형을 맞춰준다. 아틀레티코는 투톱도 적극적인 수비에 가담하는 팀이지만, 아우구스토는 중원에서 가장 폭 넓은 움직임으로 공수 전환 상황에서 부지런히 압박 그물망을 형성했다.

아틀레티코에겐 최고의 전반전이었다. 시메오네 감독은 올 시즌 최고의 모습을 보여준 것 같다며 FC바르셀로나를 탈락시킨 8강전보다 좋은 내용이었다고 했다. 하지만 뮌헨에 가서는 상황이 뒤집힐 수 있고, 바이에른은 다양한 방식으로 상대를 괴롭힐 수 있는 팀이기 때문에 1차전 결과를 과신하고 있지는 않다고 덧붙였다. 1차전 결과는 180분 경기의 절반이 끝났을 뿐이다. 이 결과로 보수적 방식이 혁신적 사고에 승리한 것은 아니다. 경기 결과에 영향을 미치는 요인은 다양하다. 결국 각자의 방식을 얼마나 더 완벽하게 구현하느냐가 중요하다. 철학은 그 기본이 갖춰진 다음의 문제다.

바이에른 선수들은 "경기에 들어갈 때부터 문제가 있었다. 후반전에야 리듬을 찾았다"라며 초반 경기 집중력이 부족했다고 인정했다. 기량보다는 기세에서 밀린 것이 컸다. 바이에른은 변화무쌍한 팀으로 잘 알려져 있다. 2차전 뒤집기의 경험도, 아예 새로운 모습으로 활기를 불어넣는 법에도 익숙하다. 아틀레티코는 자신들이 잘하던 것에 더 집중해야 한다. 아틀레티코 팬들은 팀에 절대적 사랑을 보내고 있다. 5만여 관중은 경기 시작 전 '사랑한다. 함께 결승에 가자'는 심플한 메시지를 카드 섹션으로 펼쳐 들었다. 시메오네 감독은 여전히 아틀레티코라는 팀이 갖는 최대 강점을 기술과 정신보다 분위기에서 찾는다. 시메오네 감독이 직접 기자회견 말미에 자랑했다.

우리 팀 분위기가 어떤지를 보여주는 내부 이야기를 조금 얘기해주겠다. 아직도 부상 때문에 뛰지 못하는 티아구에게 팀과 함께하고 싶냐고 물었다. 그는 그러길 바랐고, 우린 응원을 위해 경기장에 함께 왔다. 카라스코는 발목에 염증이 있는 상태였는데 뛰게 해달라고 간청하기도 했다. 올리베르 토레스는 오늘 18인의 소집 명단에 들었는데 내게 와서는 이렇게 고백했다. '감독님, 정말 뛰고 싶은데 팀을 잘 도울 수 있는 컨디션이 아닌 것 같습니다.' 그는 감기에 걸린 자신의 상황을 이야기했다. 이게 지금 우리 아틀레티코의 모습이다.

내가 뛰지 못해도 팀에 힘을 주기 위해 함께 하고, 몸 상태에 무리가 있지만 최대한 경기를 뛰겠다는 의지를 보이며, 팀에 도움을 주기 어려운 컨디션이라면 솔직히 이야기하는 선수들이 있다. 이들 모두 팀의 성공이라는 공통 목표를 향해 강하게 뭉쳐있다. 과르디올라 감독은 우승컵을 들어 올리는 여부와 관계없이 시메오네의 아틀레티코는 이미 타이틀을 보유한 셈이라고 했다.

아틀레티코는 이제 바르셀로나, 레알 마드리드 같은 팀들과 어깨를 나란히 한다. 이들이 서로 경기를 하면 누가 더 우세하다고 말할 수 없다. 그런 경기에 도달한 것 자체가 타이틀을 얻은 것이라 할 수 있다. 누구든 성공할 수 있지만, 그 성공을 유지해 나가는 것은 매우 어려운 일이다. 아틀레티코는 그런 일을 해내고 있다.

REPORT

시메오네와 그리즈만 전성시대 | 챔피언스 우승 이루지 못한 이유

2016-17시즌의 도전도 실패로 끝났다. 디에고 시메오네 감독의 아틀레티코 마드리드는 창단 후 최고의 황금시대를 보냈지만 유럽 축구의 정점에 서지 못했다. UEFA 챔피언스리그 우승은 시메오네호의 마지막 퍼즐 조각이다. 대체 무엇이 부족했을까? 아틀레티코의 잔혹한 도전사를 돌아봤다.

시메오네 감독의 등장은 아틀레티코 마드리드 창단 이후 가장 강력한 시대를 열었다. 2011년 12월, 성적 부진을 겪던 아틀레티코의 지휘봉을 잡은 시메오네 감독이 들어 올린 첫 번째 트로피는 2011-12시즌 UEFA유로파리그였다. 갓 부임한 시메오네 감독에게 유로파리그 토너먼트 티켓은 전임자 그레고리오 만사노 감독이 남겨준 선물이었다.

당시 아틀레티코는 32강에서 스포르팅브라가, 16강에서 베식타시, 8강에서 하노버96을 차례로 꺾었다. 4강과 결승은 스페인 더비였다. 발렌시아와 아틀레틱클럽을 연파하고 우승했다. 우승을 향한 여정에서 브라가와 32강 2차전 원정 경기 1-1 무승부를 제외하곤 8승을 챙겼다.

우승을 이끈 공신은 12골로 득점왕을 차지한 콜롬비아 공격수 라다멜 팔카오와 7번의 어시스트를 기록해 도움왕이 된 브라질 미드필더 디에구 히바스였다. 팔카오는 결승전에서 홀로 두 골을 넣었고, 디에구도 후반 40분에 세 번째 골로 쐐기를 박았다. 여세를 몰아 2012 UEFA슈퍼컵에서 챔피언스리그 챔피언 첼시를 완파하고 또 하나의 트로피를 챙겼다.

시메오네 감독은 4-4-2 포메이션을 적용해 만사노 체제에서 보인 불안정성을 극복했다.

2012 유로파리그 결승전 아틀레티코 선발 포진도

아틀레티코를 강하게 만든 시메오네의 4-4-2

시메오네 감독 부임 전, 라리가에서 13위까지 추락했던 아틀레티코가 시메오네 감독 부임 후 7연속 무패를 달리며 회복할 수 있었던 원동력은 포메이션 변경이었다. 4-2-3-1과 4-3-3으로 공격적인 전형을 시도했던 전임 만사노 감독의 틀을 4-4-2 포메이션 구조로 바꿨다. 두 명의 중앙 미드필더와 두 명의 스트라이커를 배치해 수비 커버 범위를 넓히고, 라인 사이 간격을 좁혀 밀집 수비, 전방 압박, 역습 속도를 보강했다. 당시 유로파리그 결승전 라인업은 티보 쿠르투아가 골문을 지키고 필리피 루이스-주앙 미란다-디에고 고딘-후안프란이 포백을 이뤘으며, 가비와 마리오 수아레스가 두 명의 중앙 미드필더, 아르다 투란과 디에구가 좌우 측면 미드필더로 서고, 팔카오와 아드리안 로페즈가 투톱을 이뤘다.

아틀레티코에게 4-4-2 포메이션은 낯선 옷이 아니었다. 만사노 감독 부임 이전에 이미 유로파리그 우승을 안긴 바 있는 키케 산체스 플로레스 감독은 4-4-2 포메이션을 전술 기반으로 삼았던 인물이다. 아구에로와 포를란이 모두 떠난 가운데 원톱 체제로 보다 기술적인 축구를 추구했던 아틀레티코는 실패를 경험했고, 시메오네 감독과 함께 투쟁적인 역습 전술로 다시 일어섰다. 당시에는 유로파리그 우승 팀에 챔피언스리그 출전권이 주어지지 않았다. 아틀레티코는 2012-13시즌에도 유로파리그에 참가했는데, 32강에서 루빈카잔에 패하며 탈락했다. 하

레알을 꺾고 우승한 2013 코파델레이 결승전 선발 포진도

2013년 팔카오와 코스타 투톱의 위력이 막강했다.

지만 시메오네 감독은 빈손으로 시즌을 마치지 않았다. 주제 무리뉴 감독이 지휘한 레알 마드리드를 결승전에서 꺾고 코파델레이 통산 열 번째 우승을 달성했다.

코파델레이 결승전의 선발 명단은 1년 전 유로파리그 우승 당시와 크게 바뀌지 않았다. 팔카오의 투톱 파트너가 디에구 코스타로 바뀌었고, 디에구 히바스가 떠난 자리에는 유스 출신 미드필더 코케가 올라왔다. 나머지 9명은 동일하다. 1년 전과 비교하면 아틀레티코는 더 강해졌다. 코스타는 아드리안의 약점이었던 힘과 높이를 갖춘 선수로, 시메오네 감독을 만나 끈기와 절제력까지 장착하며 전성기를 맞이했다. 또, 코케의 성장은 아틀레티코가 고민하던 프랜차이즈 스타의 존재와 중원 창조성의 숙제를 해결해 줬다.

레알을 꺾은 것이 쉬운 일은 아니었다. 전반 14분 호날두에 선제골을 내줬고, 전반 35분 코스타의 동점골 이후 팽팽한 흐름 속에 연장전을 치렀다. 연장 전반 9분 수비수 미란다가 세트피스 상황에서 헤더로 득점하며 균형을 깼다. 시메오네 감독은 다음 시즌에 라리가 우승까지 차지하며 부임 후 세 시즌 동안 UEFA슈퍼컵을 포함해 네 개의 트로피를 들어올렸다.

1996년 이후 무려 18년 만의 리그 우승이었기에 이때 챔피언스리그 결승전에서 레알에 패한 것에 대한 아쉬움은 어느 정도 달랠 수 있었다. 하지만 당시 결승전에서 당한 패배는 그야말로 통한이었다. 전반 36분 고딘의 선제골로 앞서간 아틀레티코는 리스본에서 후반 추가 시간 2분까지 앞서 있다가 세르히오 라모스에게 동점골을 내줘 연장승부를 벌여야 했다.

2014년 네 명의 중앙 미드필더를 기용한 전략이 자리를 잡았다. 라울 가르시아 활용이 4-3-3 전환을 이끌었다.

아쉽게 우승을 놓친 2014 챔피언스리그 결승전 선발 포진도

리스본의 악몽에서 시작된 레알 마드리드와 악연

라모스에 내준 동점골로 정신적으로나 체력적으로 타격이 컸던 아틀레티코는 연장전에서 가레스 베일과 마르셀루, 크리스티아누 호날두에 연속골을 내주며 1-4 완패로 경기를 마쳤다. 이때 아틀레티코의 구조와 라인업 역시 유로파리그 우승 당시로부터 크게 달라지지 않았다. 팔카오가 AS모나코로 이적한 자리에 스페인 대표 공격수 다비드 비야가 가세해 코스타의 파트너가 됐다.

미드필더진에는 가비의 파트너가 포르투갈 미드필더 티아구 멘데스로 바뀌었고, 라울 가르시아가 우측면 미드필더로 한 자리를 차지했다. 포백과 골키퍼는 유로파리그, 코파델레이 우승 당시와 동일했다. 아틀레티코는 꾸준히 팀 내 우수한 선수를 잃는 상황 속에서도 진화와 발전을 멈추지 않았다. 떠난 선수의 대안을 적절히 찾고 전술적으로 보완했다.

라울 가르시아 활용은 시메오네 감독의 상징적인 부분인데, 중앙 미드필더와 스트라이커를 겸할 수 있는 가르시아는 측면 미드필더 자리에 서지만 돌파나 크로스보다 중원 압박과 전방 공중전 경합 등에 가담하는 변칙적인 역할을 맡았다. 물론 측면 미드필더의 역할을 할 때도 있었지만, 중앙 지향적인 플레이를 했다.

아틀레티코는 좌우 풀백 후안프란과 필리피 루이스를 통한 속공과 측면 공격을 무기로 삼았고, 미드필더와 공격진의 수비 가담률을 높여 오버래핑으로 인한 배후 공간의 부담과 리스크를 최소화했다. 풀백에 측면 공격을 전담시키는 것은 상대 지역을 지배하는 강팀들의 일반적인 패턴인데, 아틀레티코의 경우 측면 미드필더나 공격수가 중앙으로 좁혀 공격하는 부분뿐 아니라 전방 압박과 중원 블록 형성의 밀도를 높여 수비적 임무의 비중이 컸다는 점이 다르다.

2015 챔피언스리그 8강 포진도

디에구 코스타와 필리피 루이스의 이적 공백으로 측면 화력이 둔화되었다.

보통 측면 공격수나 미드필더를 중앙으로 좁혀 들어와 골로 가는 길을 여는 윙어나 가짜 윙어 유형의 선수로 배치하는데, 아틀레티코는 중앙 미드필더 유형을 좌우 측면에 배치해 중앙 지향적인 미드필더 네 명을 모두 경기에 내보내는 4-4-2 포메이션으로 전술적 정체성을 만들었다. 물론 이는 측면과 중앙에서 모두 영향력을 발휘할 수 있는 기술력을 갖춘 선수들의 전술 이해도를 끌어올렸기에 가능했던 일이다.

매 시즌 중요한 우승을 이룬 아틀레티코였지만, 2014-15시즌에는 수페르코파 데 에스파냐를 차지한 것 외에 메이저 타이틀을 따지 못했다. 가장 염원했던 타이틀은 전 시즌 결승전에서 아쉽게 놓친 챔피언스리그 우승이었는데, 이번에도 레알에 가로막혔다. 조별리그에서 유벤투스를 밀어내고 1위를 차지했고, 16강에선 바이엘 레버쿠젠에 승부차기 승리를 거뒀다.

레알에 복수할 기회가 1년 만에 찾아왔지만, 1차전 홈경기에서 득점 없이 비긴 뒤 2차전 원정경기에서 후반 43분에 결승골을 내줬다. 이번에도 아슬아슬한 탈락이었다.

2014-15시즌에 아틀레티코는 쿠르투아가 원소속팀 첼시로 임대 복귀하며 얀 오블라크를 새로운 주전 골키퍼로 영입했다. 아틀레티코는 쿠르투아가 돌아간 것뿐만 아니라 레프트백 필리피 루이스와 공격수 코스타가 첼시로 이적하면서 밀도 측면에서 타격을 입었다. 1차전에는 길예르미 시케이라, 2차전에는 헤수스 가메스가 기존 수비라인과 합을 맞췄으나 필리피 루이스의 빈자리를 채우긴 쉽지 않았다. 미드필드진은 가비와 코케가 중심을 잡고 아르다 투란이 2선 공격에 적극적으로 힘을 보태는 형태로 구성됐다. 비야와 코스타가 떠난 투톱은 마리오 만주키치와 앙투안 그리즈만이 대체했다. 이렇게 많은 변화 속에도 아틀레티코는 전력을 유지했다. 만주키치의 높이와 그리즈만의 기술과 속력을 조합한 투톱의 기세는 팔카오에 이은 코스타 이탈이라는 아틀레티코의 공격 기둥이 뽑혀 나가는 와중에 기대 이상의 성과를 냈다. 하지만 아틀레티코는 후반 31분 투란이 두 번째 경고를 받고 퇴장당하면서 균형을 잃었다.

두 시즌 연속 무관, 미란다 떠나며 생긴 수비 불안

2015-16시즌에 아틀레티코는 시메오네 감독 부임 이후 첫 무관을 기록한다. 밀라노에서 치른 챔피언스리그 결승전에서 다시 한 번 악몽 같은 패배를 당한 것이다. 전반 15분 또다시 세트피스 상황에서 라모스를 놓친 아틀레티코는 후반 34분 야닉 카라스코의 동점골로 따라붙었고, 승부차기까지 경기를 끌고 갔으나 네 번째 키커 후안프란이 실축했다. 모두가 숨 죽이고 지켜보는 상황에서 레알은 다섯 번째 키커 호날두까지 모두가 성공하며 우승을 차지했.

2015-16시즌의 특징이라면 시메오네 감독 부임 이후 줄곧 최후방 수비를 지켜온 고딘-미란다 센터백 조합이 해체된 것이다. 비센테 델보스케 감독의 스페인 귀화 제안을 거절하기도 한 미란다는 2015년 여름 인터밀란으로 이적했다. 필리피 루이스가 첼시 생활에 적응하지 못해 1년 만에 돌아온 것이 그나마 다행이었다.

2015-16시즌 아틀레티코는 그야말로 전술적 혼란기였다. 타이틀 경쟁이 당연하게 여겨지는

팀으로 올라선 아틀레티코는 상대 밀집 수비와 역습 전략을 무너트릴 수 있는 화력과 창조성을 요구받았다. 아틀레티코는 잭슨 마르티네스와 루시아노 비에토, 카라스코 등 공격 자원에 투자를 아끼지 않았고, 강력한 원톱 한 명에 의존하기보다 다양한 유형의 공격수를 갖추려 했다. 프리시즌 기간에는 4-3-3 포메이션을 단련해 이전보다 공격적인 스타일의 경기를 시도하기도 했지만 잭슨과 비에토가 아틀레티코 적응에 실패하면서 전반기에 경기 내용과 결과 모두 기대에 미치지는 못했다.

완전한 실패는 아니었던 것이, 아우구스토와 카라스코 등 허리와 측면의 공격력이 높아졌고, 중원에서 다양한 역할을 할 수 있는 사울이 안정적으로 1군에 자리 잡으면서 절반의 성공은 거뒀다. 이후 본래 4-4-2 포메이션으로 회귀한 이후 안정세를 되찾았고, 레알과 결승전에 투톱을 이룬 선수는 기존 자원 토레스와 그리즈만이었다. 카라스코는 후반전 시작과 함께 아우구스토 대신 들어와 동점골을 만들며 제 몫을 했다. 승부차기의 패배는 불운이라고밖에 설명할 수 없었다.

시메오네 감독은 "레알 마드리드에 축하를 보내고 싶다. 그들이 이번에도 우리보다 더 뛰어났다. 언제나 더 뛰어난 팀이 우승하는 것이고, 레알 마드리드가 더 뛰어났기 때문에 우승한 것이다. 축구에 정당함이라는 것은 없다. 이겼다면 이길 만한 자격이 있었던 것이다. 평계는 나와 어울리지 않는다. 우리는 챔피언이 되기 위해 해결해야 할 문제들을 다 하지 못했고, 우리가 계속해야 하는 것은 발전하기 위해 훈련하는 것뿐"이라는 소감을 남겼다. 공식 기록은 무승부지만, 시메오네 감독은 "2등은 누구도 기억해 주지 않는다. 결승전에서 지는 것은 재앙"이라며 위안하지 않았다.

2016 챔피언스리그 결승전 포진도

후반에 투입된 카라스코가 공격적인 4-3-3 포메이션 전환의 열쇠가 됐다.

부상으로 흔들린 구조, 시메오네의 불운

2016-17시즌 4강은 시메오네 감독이 레알을 다시 만나 설욕할 기회였다. 하지만 절치부심 끝에 받아 든 결과는 악몽의 재현이었다. 시메오네 감독 부임 이전까지 포함하면, 아틀레티코는 꾸준히 팀 내 최고의 선수들을 빼앗겨왔다. 페르난도 토레스를 시작으로 디에고 포를란, 세르히오 아구에로, 라다멜 팔카오, 디에구 코스타 등이 정점의 상태에서 떠났다. 모두 세계 최고의 9번 공격수라는 칭호가 부족하지 않은 선수들이다. 이들 중 토레스는 친정으로 돌아왔으나 전성기의 컨디션은 아니다. 물론 아틀레티코가 챔피언스리그에서 우승하지 못한 것이 주력 공격수를 계속 빼앗겼기 때문은 아니다. 지속적으로 이적설이 제기되고 있는 프랑스 공격수 그리즈만은 이전에 아틀레티코 전방을 책임졌던 그 어떤 선수들보다도 풍부한 재능을 갖췄고, 다양한 역할을 할 수 있는 '크랙'이다. 대량 득점이 필요해 시작부터 강하게 몰아붙일 필요가 있었던 준결승 2차전에서 시메오네 감독은 토레스와 그리즈만을 투톱으로 세웠는데, 큰 경기에 강한 베테랑 토레스는 페널티킥을 얻어내 그리즈만의 득점을 끌어내며 제 몫을 했다.

그리즈만의 존재로 팔카오와 코스타에 대한 그리움은 잊혀졌다. 그럼에도 아틀레티코가 탈락한 결정적 이유는 결국 시메오네 감독 체제에서 트로피를 안겨준 포백 수비 라인에 찾아온 균열에서 찾을 수 있다. 공격 측면에서는 카라스코라는 파괴적인 드리블러, 사울이라는 창조적인 중원 옵션을 구축하고, 한층 원숙해진 코케의 존재로 크게 문제 삼을 부분은 아니었다. 또, 앙헬 코레아는 성장세를 보이고 있었고, 니코 가이탄 정도가 기대치에 이르지 못하는 선수였다. 시메오네 감독은 2차전 결과에 대해 "상대 골키퍼가 스타였다는 점이 어떤 경기였는가를 말해준다"라며 다득점을 위해 몰아붙인 공격에 대해선 아쉬움을 표하지 않았다.

결국 1차전에서 당한 0-3 완패, 그리고 2차전의 2-0 리드 상황에서 허용한 만회골을 탈락의 이유로 볼 수 있다. 레프트백 필리피 루이스는 첼시에서 돌아온 이후 올 시즌 최고의 컨디션을 되찾았지만, 유로2016에서의 실패 이후 스페인 대표팀에서 밀려난 후안프란의 경우 체력적인 어려움을 겪으며 정점에서 내려왔다. 대신 크로아티아 풀백 시메 브르살리코가 로테이션 멤버로 영입되어 후안프란의 부담을 덜어줬다. 그런데 이 두 선수가 모두 레알과 경기를 앞두고 부상자 명단에 오르면서 전문 라이트백의 부재가 발생했는데, 이는 측면 수비 상황의 안정감을 떨어트리고 측면 오버래핑도 약화시켜 공격수들이 적절한 지원을 받을 수 없는 상황으로 이어졌다.

레프트백 필리피 루이스가 중앙 지역으로 진입해 영향력을 발휘한다면, 후안프란이나 브르살리코는 문전 혼전을 야기할 수 있는 날카로운 크로스 패스 능력을 갖췄다. 카라스코와 사울, 혹은 코케의 분전에도 이들의 이탈이 아틀레티코의 한쪽 날개에 큰 타격이 된 게 사실이다. 1차전에 뤼카 에르난데스, 2차전에 호세 히메네스 등 젊고 빠른 센터백을 라이트백에 배치했으나 공격에서 별다른 기여를 하지 못했을 뿐아니라, 수비적으로도 낯선 위치였다.

특히 2차전에 이스코의 만회골 과정을 절반 이상 만든 카림 벤제마의 돌파에 속수무책으로 무너진 장면은 아틀레티코 답지 않았다. 이날 경기에서 빈번하게 왼쪽 측면 배후 공간을 공략한 벤제마를 커버하기 위해 사비치가 벌려 나왔는데, 고딘이 무모하게 커버 영역을 비우고 따라 붙었다가 뒤를 내주고 말았다. 히메네스 역시 벤제마가 배후로 빠지는 상황에서 불안정했고, 사비치는 벤제마의 섬세한 터치에 이은 돌파를 끊어야 했던 마지막 타이밍에 주저했다.

고딘 역시 한참 좋던 시절과 비교하면 하향세였다. 이 경기에선 의욕과 열정이 과했는지 실점에 앞서 불필요한 상황에서 크리스티아누 호날두를 거칠게 밀어붙여 경고를 받았고, 주장 가비 역시 흥분을 주체하지 못하고 심판 판정에 항의하다가 경고를 받았다. 가비는 이날 여러 차례 좋은 롱패스를 뿌리기도 했지만 2-0 리드 상황이 됐을 때 침착하게 템포를 조율할 필요가 있었다. 고딘 역시 사비치와 히메네스를 컨트롤해야 하는 위치에서 리더십을 보이지 못했다. 매년 이어져 온 레알전 패배가 두 선수들을 더 예민하게 만든 것 같았다.

그럼에도 아틀레티코에서 둘의 존재감은 절대적이다. 시메오네 감독은 경기 후 회견에서 이번 패배로 상처가 컸을 두 레전드를 위로하는 말을 했다. "고딘이나 가비 같은 선수를 복제할 수 없다는 게 아쉬운 점이다. 클럽을 위해 인생을 바친 선수들이다."

아틀레티코는 두 시즌 연속 무관에 그쳤고, 이는 미란다가 팀을 떠난 이후 그 공백을 메우지 못한 결과로도 볼 수 있다. 고딘을 복제할 수 없는 아쉬움은, 어쩌면 미란다가 남았더라면 문제가 되지 않았을 수 있다.

또한 당시 히메네스는 경험이 부족했고, 사비치는 위험 상황에서 완력이 아쉬웠다. 가비의 역할을 분담할 수 있는 아우구스토 페르난데스가 전 해 9월 십자인대 부상으로 이탈한 점 역시 아쉬운 부분으로 볼 수 있다. 여기에 후안프란과 브르살리코, 두 명의 라이트백이 모두 부상자 명단에 오르며 아틀레티코는 레알과 경기에 최상의 전력을 꾸리지 못했다. 그럼에도 시메오네 감독은 경기 시작부터 강한 압박으로 몰아붙여 이른 시간 두 골을 뽑아내는 성과를 냈다. 특기인 세트피스 상황에서 선제골을 넣었고, 이어 카라스코-토레스 조합을 통해 페널티킥을 만들었다.

노련했던 레알, 아틀레티코의 숙제

아틀레티코가 라이트백 자원이 없는 가운데 압박 기준점을 높이고, 카라스코로 하여금 마르셀루의 뒷공간을 지속적으로 괴롭혀 레알의 간격을 벌리며 라인을 밀어낸 것은 효과적이었다. 마르셀루는 다른 때보다 어려운 경기를 했지만, 격한 몸싸움과 공간 습격이 이어시는 와중에도 평정심을 잃지 않았다. 상대 거친 파울에도 웃으며 대응하고, 차분하게 공을 쥐고 팀이 흔들리지 않도록 리더십을 발휘했다.

아틀레티코가 라인을 높인 경기를 하자 토니 크로스와 루카 모드리치가 모두 좌우로 넓게 벌려 공을 소유하고, 벤제마 역시 카라스코와 히메네스의 사이 공간을 공략하며 전술적으로 영리하게 대처했다. 특히 두 골을 이른 시간 내준 상황에서도 경기 템포를 지연시키고 차분하게 경기를 운영한 점은 레알이 얼마나 단단한 팀이 되었는지를 보여줬다.

2차전 결과를 놓고 보면 레알의 패배였지만, 후반전에 아틀레티코의 기세를 완전히 잠재우며 90분을 마쳤다. 지단 감독은 후반전에 아센시오, 바스케스, 모라타를 투입해 오히려 카제미루를 빼고 공격진의 숫자를 늘려 골이 시급한 아틀레티코의 뒤통수를 가렵게 하는 방식으로 아틀레티코의 막판 총공세를 막았다.

시메오네 감독은 탈락했지만 고개를 떨구진 않았다. "지난 몇 년간 우리 팀은 이렇게 치열하게 경쟁하면서 증명해 왔다. 난 선수들에게 자부심을 느끼고, 희망은 여전하다. 우리는 말이 필요 없다는 걸 보여줬다. 항상 믿음을 갖고 있기 때문이다. 이번엔 큰 한 걸음이 부족했다. 이 한 걸음을 채울 수 있기를 바란다."

아틀레티코와 시메오네 감독의 그 다음 시즌 목표도 빅이어 트로피였다. 아틀레티코는 그리즈만의 파트너와 고딘의 파트너를 보강하고, 필리피 루이스의 대안을 찾으며, 헌신만으로는 차지하기 어려운 챔피언스리그 우승을 위해 모든 변수에 대응할 수 있는 두텁고 강력한 스쿼드가 필요하다는 교훈을 남겼다.

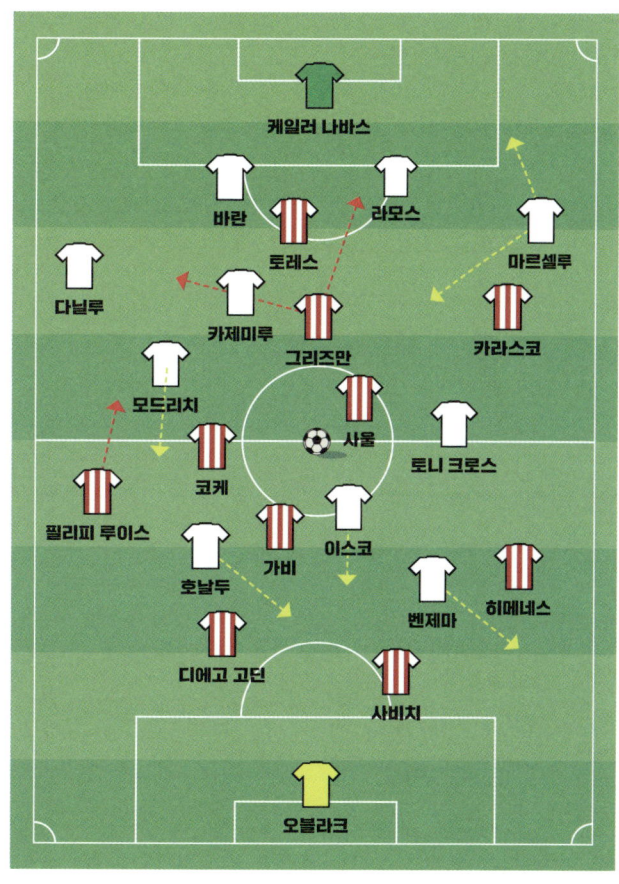

2016-17시즌 챔피언스리그 준결승 2차전 평균 포진도

03 유로파리그 우승 : 그리즈만 원맨쇼

UEFA 챔피언스리그 우승에 대한 염원은 2017-18시즌 충격적인 조별리그 탈락 이후 극적인 유로파리그 우승을 통해 아틀레티코와 그리즈만의 유럽 대항전 도전사에 작은 위안이 됐다. 특히 2018년 강력한 발롱도르 수상 후보로 지목된 그리즈만은 유로파리그에서 보여준 경기력은 물론 우승 과정의 스토리까지 원맨쇼를 보여줬다. 2018년은 그의 커리어 최고의 한 해로 기억될 만했다.

아틀레티코 마드리드의 2017-18시즌 UEFA 유로파리그 우승은 프랑스 공격수 앙투안 그리즈만으로 시작해, 그리즈만으로 끝났다고 해도 과언이 아니다. 2014년 여름 아틀레티코에 입단한 그리즈만은 레알 마드리드와 2014년 수페르코파 데 에스파냐 우승으로 기분 좋은 스타트를 끊었지만, 두 번의 UEFA 챔피언스리그 결승전 패배와, 2년 간의 무관 세월을 보내며 쓰린 시간을 보냈다. 아틀레티코의 새 에이스는, 2018년 유로파리그 우승을 자신의 힘으로 일구며 유종의 미를 거둔 셈이 된다.

모든 우승은 눈부시다. 모든 결승전은 뜨겁다. 올랭피크 마르세유의 에이스 드미트리 파예는 아틀레티코 마드리드와 2017-18 UEFA 유로파리그 결승전 도중 부상을 입고 그라운드를 떠나며 흐르는 눈물을 주체하지 못했다. 그에게 다가가 프랑스 국가대표로 함께 지낸 그리즈만이 볼에 입을 맞추며 위로했다. 그가 넣은 치명석이고 아름다운 두 골과, 하얀색과 빨간색 꽃가루가 휘날린 우승 세리머니보다 아름다운 장면이었다. 2017-18시즌 유로파리그의 그리즈만은, 축구로 줄 수 있는 감동이란 감동은 다 안겨줬다.

UEFA 챔피언스리그 조별리그에서 3위로 탈락한 아틀레티코는, 사실 디에고 시메오네 감독 체제에서 빅이어 트로피를 드는 게 숙원이 된 팀이었다.

아틀레티코는 시메오네 감독 부임 첫 시즌(2011-12)에 유로파리그 우승을 이뤘고, 이어 UEFA슈퍼컵(2012)을 들었다. 코파델레이(2012-13), 라리가(2013-14) 우승으로 아틀레티코의 수준을 높인 시메오네 감독이었지만, 2014년과 2016년, 챔피언스리그 결승전에서 두 번 미끄러졌다.

2017-18시즌 유로파리그 우승은 시메오네 감독 체제에서 2014년 수페르코파 데 에스파냐 우승 이후 두 시즌 동안 이어진 무관을 끊어냈다는 점에서 의미가 있지만, 클럽의 도약을 의미하는 우승은 아니었다. 아틀레티코는 키케 산체스 플로레스 감독이 지휘한 2009-10시즌에도 유로파리그에서 우승했다. UEFA컵이 유로파리그라는 새 이름으로 출범한 첫 시즌이었다.

UEFA컵이 유로파리그로 재출범한 이후 스페인 라리가 클럽은 강세를 보였다. 2017-18시즌까지 총 9시즌 동안 여섯 번이나 라리가 팀이 우승했다. 세비야가 세 차례(2014~2016년 3연속 우승), 아틀레티코가 세 차례씩 우승했다. 준결승전에서 아르센 벵거 감독의 아스널을 물리치고 올라와 차지한 올 시즌 우승의 무게는 결코 가볍지 않다.

2010년과 2012년, 2018년에 나누어 우승한 아틀레티코는 각 시즌의 주역이 다르다. 2010년에는 세르히오 아구에로와 디에고 포를란의 남미 투톱이 막강했다. 2012년은 12골을 몰아친 콜롬비아 공격수 라다멜 팔카오의 전성시대였으며, 2018년은 그리즈만과 코스타의 호흡이 빛났다.

아틀레티코는 2017-18시즌 발동이 늦게 걸렸다. 2017년 여름, FIFA가 내린 선수 등록 금지 징계로 인해 디에구 코스타를 후반기부터 쓸 수 있었기 때문이다. 코스타의 합류는, 2016년 5월과 7월에 두 번의 큰 결승전에서 패배하며 흔들렸던 그리즈만에게 날개를 달아줬다. 코스타와 투톱으로 합을 맞춘 그리즈만은, 2018년에만 15골 7도움을 올렸다. 2017년 전반기에 치른 경기에서도 남긴 8골 5도움과 비교하면 상승세가 뚜렷하다. 그리즈만이 넣은 15골 7도움 중 6골 3도움이 유로파리그 토너먼트에서 나왔고, 출전한 8차례의 유로파리그 경기에서 스포르팅SP와 8강 2차전에만 공격 포인트를 올리지 못했다.

또한 코펜하겐과 32강 1차전, 로코모티브 모스크바와 16강 2차전, 스포르팅CP와 8강 1차전, 아스널과 준결승 1차전, 마르세유와 결승전에서도 득점하며, 우승까지 가는 여정에 만난 팀을 상대로 모두 득점포를 가동했다. 모든 경기에서 득점한 것은 아니지만, 적지 않은 의미를 갖는 기록이다. 2월 15일 코펜하겐 원정으로 치른 32강 1차전에서 그리즈만의 활약은 중요했다. 전반 15분 피셔에게 선제골을 내주며 끌려간 아틀레티코는 전반 21분 그리즈만의 크로스를 사울 니게스가 헤더로 마무리해 따라붙었다. 전반 27분 케빈 가메로가 역전골을 넣은 뒤에도 살얼음판 승부였다. 후반 26분 야닉 카라스코의 스루패스를 받은 그리즈만이 감각적인 왼발 마무리 슈팅으로 쐐기를 박는 골을 넣고 나서야 경기 균형이 아틀레티코로 넘어왔다.

경기는 후반 32분 비톨로가 한 골을 더 보태 아틀레티코의 4-1 승으로 끝났지만, 스코어 이상의 치열함이 있었다. 아틀레티코는 안방에서 치른 2차전에서 코펜하겐에 1-0 신승을 거두고 16강에 올랐다. 러시아 클럽 로코모티브와 16강전에서 그리즈만은 1,2차전에 모두 공격 포인트를 올렸고, 원정 1차전에는 코스타가 터트린 후반 2분의 추가 골을 어시스트한 선수가 됐다. 사울이 왼쪽 측면에서 문전 오른쪽으로 넘긴 왼발 크로스를 그리즈만이 논스톱 슈팅으로 마무리했는데, 골키퍼 선방에 걸린 공을 코스타가 밀어 넣었다. 1차전 3-0 승리로 승기를 잡은 가운데, 그리즈만은 2차전 러시아 원정에 후반 16분 교체 출전했다. 아틀레티코가 2-1로 리드하던 상황이었는데, 그리즈만의 투입과 함께 페널티킥을 얻었다. 페르난도 토레스가 키커로 나서 득점을 성공했고, 이후 후반 15분 한 골을 더 추가했으며, 그리즈만은 후반 40분 앙헬 코레아의 패스를 받아 절묘한 왼발 로빙 슈팅으로 5-1 대승의 대미를 장식했다.

아틀레티코는 그리즈만이 출전하고도 공격 포인트를 올리지 못한 스포르팅CP와 8강 2차전에서 올 시즌 유로파리그 유일한 패배를 당했다. 0-1로 졌는데, 홈에서 치른 1차전에서 2-0으로 승리해 4강에 오를 수 있었다. 아틀레티코를 4강으로 보낸 1차전 두 번째 골을 그리즈만이 넣었다. 전반 40분, 가비가 발뒤꿈치로 연결한 논스톱 패스를 스포르팅 수비수 제레미 마티외가 빠트리며 그리즈만에게 기회가 왔다. 코스타가 측면으로 벌려섰음에도 그리즈만에 대한 견제를 풀지 않던 스포르팅 수비는 한 번의 실수로 무너졌고, 그리즈만은 그렇게 찾아온 기회를 왼발로 단호하게 결정했다.

아스널을 떠나기로 한 벵거 감독과 준결승 대결도 쉽지 않았다. 런던에서 치른 1차전, 후반 16분 알렉상드르 라카제트가 선제골을 넣었지만, 그리즈만은 후반 37분 동점골을

넣어 에미리트 스타디움의 드라마 장르를 비극으로 바꿔놓았다. 아스널의 공격을 끊어낸 호세 히메네스가 전방의 그리즈만을 향해 롱패스를 보냈고, 그리즈만은 아스널 수비수 로랑 코시엘니의 견제를 힘으로 이겨내며 문전까지 진격했다. 1차 슈팅이 골키퍼 선방에 걸리면서 각이 없고 타이밍이 빠듯한 상황에서도 그리즈만은 재차 왼발 슈팅으로 기어코 득점에 성공했다. 그리고 원정 1-1 무승부 이후 홈에서 치른 2차전, 코스타가 전반 추가 시간에 넣은 결승골 역시 중원 우측 부근에서 수비를 몰아두고 그리즈만이 문전 왼쪽으로 찔러준 송곳 같은 왼발 스루패스를 통해 나왔다. 마르세유와 결승전도 그리즈만의 왼발이 결정했다. 전반 21분 가비의 스루패스를 받아 맞이한 골키퍼와 일대일 기회를 왼발로 성공시키는가 하면, 후반 4분에는 코케의 패스를 받아 문전 우측을 저돌적으로 파고들며 골키퍼와 일대일 상황에 절묘한 왼발 칩샷으로 득점했다. 그리즈만은 유로파리그에서 만든 모든 공격 포인트를 왼발로 했고, 유로파리그 결승전에서 멀티골을 넣은 첫 번째 선수라는 기록도 남겼다.

이번 유로파리그 우승은 여러모로 그의 고국과도 인연이 많기에 의미가 컸다. 스포르팅과 경기에서 프랑스 수비수 마티외를 무너트리며 득점했고, 4강에선 코시엘니와 경합에서 이겨 벵거 감독에게 악몽을 선사했다. 또한 프랑스 클럽 마르세유를 격파한 결승전도 프랑스 리옹이었다. 그리즈만이 프랑스 축구의 왕중왕이라는 것을 선언한 듯한 우승이었다.

프랑스에서 열린 유로2016 우승에 실패했던 그리즈만은 디 근 트로피를 목표로 하며, 그 도전을 아틀레티코에서 이어갈지, 새로운 도전에 나설지 고민했고, 당시 그가 FC 바르셀로나 이적에 가까워졌다는 보도가 이어졌다.

아틀레티코는 줄곧 스타 선수를 빼앗겨 왔다. 그리즈만이 팀을 떠나리란 소문은 몇 년째 지속되었고, 올 시즌 챔피언스리그 조별리그 탈락은 이번엔 정말 그가 떠나리란 가능성을 높이는 신호탄과도 같았다. 시메오네 감독은 우승 후 회견에서 "그리즈만의 미래는 본인에게 물어봐야 한다"라며 잔류를 확신하지 않으면서도 아직 그가 남을 여지가 있다는 말을 덧붙였다. 아틀레티코의 동료 선수들과 구단 수뇌부 모두 그리즈만에게 클럽의 역사가 되어 다시 한 번

ATLETICO MADRID

빅이어 도전에 나서자고 설득했다. 아틀레티코 팬들은 유로파리그 첫 번째 우승을 안긴 아구에로를 향해서도 남아달라는 노래를 불렀지만, 그는 결국 맨체스터시티로 떠났다. 아틀레티코의 7번 유니폼을 입고 최고의 활약상을 보여준 결실의 시점에 그리즈만은 "두 번째 우승을 했고 앞으로 더 하고 싶다"라는 소감을 남겼다. 앞으로의 우승을 아틀레티코와 함께 할 것인지에 대해서는 명확히 밝히지 않은 소감이었지만, 그리즈만은 결국 아틀레티코에서 한 시즌 잔류 이후 2019년 여름, UEFA 챔피언스리그 우승을 위한 야망을 이유로 라리가 내의 '우승 경쟁팀' FC 바르셀로나로 이적했다.

Atletico ☆

TOPIC 신계에 도전한 아틀레티코의 스타들

페르난도 토레스

2001-2007, 2015-2018

11살의 나이에 아틀레티코 마드리드 유소년 팀에 입단해 일찌감치 스페인 청소년 대표 선수로 두각을 나타내며 15세의 나이에 프로 계약을 체결해 큰 기대를 모았다. 라울 곤살레스의 뒤를 이을 스페인 최고의 스트라이커로 평가받으며 아틀레티코가 2부리그로 강등되었던 2001년에 17세의 나이에 1군 선수가 됐고, 2002-03시즌 1부리그 승격에 기여했다. 2003-04시즌에 19세의 나이로 아틀레티코 역사상 최연소 주장으로 선임되며 '엘 니뇨(소년)'라는 별명을 얻는다. 호리호리한 체구에 큰 키, 빠른 스피드와 무자비한 득점 능력을 자랑하는 토레스는 2003-04시즌부터 2006-07시즌까지 5시즌 연속 두 자릿수 득점을 기록한 뒤 리버풀로 이적했고, 이후 유로2008, 2010 남아공 월드컵, 유로2012 우승 멤버로서 스페인 대표팀 황금시대의 주역으로도 활약했다. 유독 클럽 무대에서 우승 트로피와 인연이 없었던 토레스는 2011년 1월 첼시로 이적한 뒤 FA컵, 챔피언스리그, 유로파리그 우승을 이뤘으나, 남아공 월드컵 전에 입었던 부상으로 전성기 기량을 잃었고, 2014-15시즌 전반기 AC 밀란 임대를 거쳐 후반기에 아틀레티코로 임대되며 친정팀으로 돌아왔다. 이후 2015-16시즌 라리가 11득점으로 부활에 성공했고, 아틀레티코로 완전 이적한 뒤 2016-17시즌과 2017-18시즌에 내리 공식전 45경기에 출전해 10골을 기록하며 유종의 미를 거뒀다. 아틀레티코 선수로 역대 404경기에 출전해 129골을 기록하며 통산 득점 6위에 올랐다. 프로 경력의 마지막으로는 2018년과 2019년 일본 J1리그 클럽 사간 토스로 이적해 선수 생활을 마무리하고 은퇴했다. 은퇴 후 지도자 경력을 시작해 2021년 아틀레티코 19세 이하 팀 감독으로 부임한 뒤 2024년 아틀레티코 마드리드 B팀 감독으로 승격됐다.

Stars

Fernando **Torres**

세르히오 아구에로

2006-2011

바르셀로나의 리오넬 메시가 이룬 성공과 비견된 아르헨티나의 또 다른 천재 공격수. 2008 베이징 올림픽 동메달 멤버로, 아르헨티나 대표팀 내에서 메시와 가장 친한 선수로도 유명하다. 인디펜디엔테에서 겨우 15세의 나이로 프로 선수로 데뷔해 경이로운 득점 능력을 보여 2006년 18세의 나이로 아틀레티코가 2000만 유로를 투자해 영입했다. 173센티미터의 작은 키에도 다부진 체구와 놀라운 순발력, 낮은 무게중심을 통한 빠른 방향 전환과 반 박자 빠른 슈팅 타이밍을 통해 골망을 흔들어 브라질의 전설적인 스트라이커 호마리우와 비교되었다. 토레스가 리버풀로 이적한 이후에는 아틀레티코 최고의 공격수로 인기를 모았다. 2007-08시즌 공식 경기 27골을 몰아치며 1997-98시즌 크리스티안 비에리의 한 시즌 29득점이라는 기록 이후 10년 만에 가장 많은 골을 넣었고, 라리가 4위를 차지해 챔피언스리그 무대에 진출하는 데 크게 공헌했다. 이후에도 디에고 포를란과 함께 막강한 투톱을 구성해 2009-10시즌 유로파리그 우승과 코파델레이 준우승, 2010-11시즌 UEFA 슈퍼컵 우승을 이룬 뒤 팬들의 만류 속에 맨체스터 시티로 이적했다. 맨시티 이적 후 다섯 번의 프리미어리그 우승과 FA컵 우승, 여섯 번의 리그컵 우승, 세 번의 커뮤니티실드 우승으로 잉글랜드 무대를 정복하며 맨시티 레전드 반열에 올랐다. 아틀레티코 소속으로도 234경기에서 101골을 넣어 100골 이상을 득점한 11명의 선수 중 한 명으로, 그리즈만의 활약 이전에는 통산 득점 10위권 안에 이름을 올리고 있었다.

Sergio **Aguero**

디에고 포를란

2007-2011

공격진을 전천후로 움직이며 벼락같은 슈팅으로 골망을 흔든 스트라이커. 힘과 속도, 기술을 두루 겸비했으며, 9번 역할은 물론 10번 플레이메이킹, 윙어 역할 등 모든 전술적 임무를 수행할 수 있는 높은 축구 이해력을 갖췄다. 2010 남아공 월드컵에서는 우루과이 대표팀의 4강 진출을 이끌며 아틀레티코 선수로 월드컵 골든볼을 수상했다. 당시 남아공 월드컵 공인구 자블라니를 가장 잘 다룬 선수로도 유명하다. 아구에로와 마찬가지로 아르헨티나 클럽 인디펜디엔테에서 프로 경력을 시작한 포를란은 2002년 맨체스터 유나이티드 이적을 통해 처음 시도한 유럽 진출이 실패로 끝났으나, 2004년 비야레알로 이적해 스페인 라리가로 무대를 옮긴 직후 라리가 득점왕을 차지하며 성공 가도를 달리기 시작했다. 비야레알에서 보낸 세 시즌 동안 라리가 54득점을 기록한 뒤 2007년 아틀레티코로 이적해 2007-08시즌부터 아구에로와 투톱으로 공격을 이끌었다. 2008-09시즌에는 라리가 33경기 32득점으로 다시 한 번 피치치를 수상했는데, 비야레알 시절과 아틀레티코에서 모두 유럽 골든슈까지 품으며 최고의 공격수로 인정받았다. 2009-10시즌 유로파리그 우승 과정에 7골을 몰아쳤고, 2010 남아공 월드컵의 활약까지 이어져 2011년 인터 밀란으로 이적했으나 이탈리아 적응에 어려움을 겪었다. 이후 브라질 클럽 인테르나시오나우, 일본 J1리그 세레소 오사카, 우루과이 클럽 페냐롤, 인도 클럽 뭄바이 시티, 홍콩 클럽 킷치 등 낯선 무대를 거치며 현역 생활을 마무리했다.

Diego Forlán

라다멜 팔카오

2011-2013

아구에로와 포를란이 떠난 뒤 아틀레티코는 공백 없이 또 다른 슈퍼 스트라이커를 찾았다. 아르헨티나 클럽 리버 플레이트에서 두각을 나타낸 뒤 포르투갈의 FC 포르투에서 두 시즌 동안 공식 경기 72골을 몰아친 '엘 티그레' 팔카오를 초기 4000만 유로, 향후 활약에 따른 총액 5000만 유로라는 당시 클럽 최고액 이적료를 투자해 영입했다. 박스 안의 지배자로 문전에서 탁월한 결정력을 발휘한 팔카오는 시메오네 감독이 이끈 아틀레티코의 황금시대의 첫 번째 해결사로 활약했다. 디에구 코스타와 투톱을 이뤄 코스타가 이타적인 역할로 보조해주는 사이 온 몸을 던져 득점하며 최고의 결정력을 보여줬다. 아틀레티코에서 단 두 시즌만 뛰고 당시 과감하게 투자하던 AS 모나코로 이적했으나 아틀레티코에서 91경기를 뛰며 70골을 넣었고, 유로파리그 우승, 코파델레이 우승, UEFA 슈퍼컵 우승을 안겼다. 6000만 유로 이적료를 남기고 떠나 아틀레티코 입장에서는 재정적으로도 좋은 거래였다. 두 시즌 연속 라리가 득점 3위를 기록했는데, 각각 24골, 28골을 터트렸음에도 2011-12시즌에 메시가 50골, 호날두가 46골이라는 말도 안 되는 득점을 몰아쳤고, 2012-13시즌에는 메시가 46골, 호날두가 34골을 넣으면서 '인간계 최강'이라는 칭호를 받는 데 만족해야 했다.

Radamel Falcao

디에구 코스타

2010-2014, 2017-2020

디에고 시메오네 감독 체제의 '얼굴'과도 같았던 브라질 출신 스트라이커. 186cm의 큰 키에 지칠 줄 모르는 체력과 속력, 피지컬과 결정력을 두루 갖췄다. 다혈질적인 성격으로 상대 팀 선수들과 충돌이 잦았던 디에구 코스타는 '전사'같은 모습으로 투지 넘치는 축구를 구사한 시메오네 축구와 가장 잘 어울렸다. 2010년 여름 아구에로와 포를란의 백업 공격수로 저렴하게 영입된 코스타는 두 선수가 모두 떠난 이후 팔카오와 짝을 이루며 기회를 잡기 시작했고, 팔카오가 떠난 이후 본격적으로 팀의 주역으로 올라서면서 만개했다. 2012-13시즌 팔카오와 투톱을 이뤄 라리가 10득점 및 공식 경기 20득점을 기록하며 평가가 높아졌다. 또, 2013-14시즌 라리가 27득점 및 공식 경기 36득점을 몰아치며 아틀레티코를 라리가 우승으로 이끌고, 챔피언스리그 결승전에 진출시키며 단숨에 세계 최고의 9번 공격수 중 한 명이라는 절찬을 받으며 모나코 이적 후 부상 등으로 하락세를 겪은 팔카오의 위상까지 넘었다. 2014 브라질 월드컵을 앞두고 스페인으로 귀화했으나 월드컵 조별리그 탈락의 충격을 겪었다. 이후 첼시로 이적해 두 차례 프리미어리그 우승을 이뤘으나 안토니오 콘테 감독과 불화를 겪어 2017년 아틀레티코로 돌아왔다. 복귀한 이후 네 시즌 동안 19골에 그치며 전성기 기량을 되찾는 데 실패한 코스타는 2020-21시즌 도중 코로나19 팬데믹을 겪으며 고국 브라질로 돌아가 아틀레치쿠 미네이루에서 뛰었다. 2022-23시즌에는 울버햄프턴 원더러스 이적으로 유럽 무대에 돌아왔으나 기대에 못 미치는 경기력을 보였고, 결국 2023년 브라질 리그의 보타포구, 2024년 그레미우에서 뛴 이후 2025년 현재는 소속팀 없이 지내고 있다.

Diego **Costa**

> 그리즈만이 기록한 골과 도움을 통해 그가 프랑스 대표팀에 얼마나 많은 영향을 미쳤는지 알 수 있습니다. 그는 경기의 흐름을 바꿀 줄 알고, 수비까지 적극적으로 가담하는 역대 가장 위대한 선수 중 한 명입니다.

_ 디디에 데샹 프랑스 대표팀 감독

Grizou

아트 사커의 부활

지네딘 지단이 은퇴한 이후 프랑스 축구는 급격히 추락했다.
프랑크 리베리가 만개하지 못하면서 생긴 기술적 문제와 더불어
흑백 인종 갈등 비화는 프랑스 축구 대표팀의 존재 가치까지 흔들었다.
무너진 프랑스를 다시 일으켜 세운 그리즈만은 지단의 별명을
이어받은 또 다른 이민자 가정의 영웅이었다.

01 그리즈만의 첫 메이저 대회, 2014 브라질 월드컵

스페인 라리가에서는 이미 검증된 스타였지만, 그리즈만이 2014 브라질 월드컵 최종 엔트리에 이름을 올릴 수 있었던 이유는 당시 최고의 선수로 군림하던 프랑크 리베르의 부상 때문이었다. 이미 2010 남아공 월드컵 실패 이후 혼란한 시기를 겪어온 프랑스 대표팀은 유로2012 조별리그에서 우크라이나에 2-0 승리를 거둔 것 외에는 큰 인상을 남기지 못했다. 잉글랜드와 경기에서 무승부, 즐라탄 이브라히모비치가 이끈 스웨덴에 0-2 완패, 그리고 8강에서도 스페인에 0-2를 기록하며 탈락해 유럽 축구의 열강에서 밀려나는 분위기였다. 결국 1998 프랑스 월드컵 우승 멤버였던 수비수 로랑 블랑이 해임되고, 또 다른 월드컵 우승 영웅이었던 디디에 데샹이 지휘봉을 이어받으며 프랑스에서 개최하는 유로2016을 목표로 대표팀을 재정비했다.

모나코와 유벤투스, 마르세유를 맡아 지도력을 입증한 데샹 감독에게 2014 브라질 월드컵은 장기 프로젝트의 리빌딩 과정으로 여겨졌다. 실제로 데샹 감독은 브라질 월드컵을 통해 진행한 재건 작업으로 유로2016 준우승, 2018 러시아 월드컵 우승, 2020-21시즌 UEFA 네이션스리그 우승, 2022 카타르 월드컵 준우승 등 국제 대회에서 결실을 보아 2026 북중미 월드컵 본선까지 무려 14년 장기 집권을 이어가며 프랑스 대표팀 사상 최고의 감독으로 커리어를 이어가고 있다. 데샹 감독은 부임 초기부터 프랑스 대표팀의 세대교체를 위해 눈여겨보던 선수가 있었는데, 그중 한 명이 프랑스 21세 이하 대표팀에서 뛰었던 그리즈만이었다. 그리즈만이 레알 소시에다드에서 뛰던 시절, 프랑스 내에서는 그리즈만을 아는 이들이 거의 없었지만 데샹은 일찌감치 그의 재능을 파악하고 2012년 부임 초기부터 차세대 대표 선수로 점 찍어두고 있었다. 데샹 감독이 그리즈만을 높이 평가한 것은 왼발을 잘 쓰는 작은 체구의 테크니션이면서도 항상 팀을 위해 희생할 줄 알고, 부시런한 활동량을 보이며, 웃는 얼굴로 훈련장 분위기를 즐겁게 만드는 선수라는 장점을 파악하고 있었기 때문이다.

데샹 감독 체제로 출전한 2014 브라질 월드컵에서 프랑스는 8강에서 독일을 만나 탈락했는데, 독일이 개최국 브라질을 4강에서 7-1로 대파하고 결승전에서 리오넬 메시의 아르헨티나까지 격파하며 우승했다는 점에서 프랑스에겐 위안이 되는 결과였다고 할 수 있다. 필자는 2014 브라질 월드컵을 개막전부터 결승전까지 브라질 현지에서 취재했다. 프랑스 대표팀의 경기는 나이지리아와 16강전, 독일과 8강전을 현장에서 봤다. 당시 프랑스 대표팀은 솔직히 그리인상적인 팀은 아니었다. 하지만 이전의 프랑스 대표팀이 암흑기를 보내던 때의 무질서함은 더 이상 없었다.

사실 프랑스와 나이지리아의 16강전은 역대급 명승부를 양산한 '2014 브라질 월드컵'에서 열린 경기 중 가장 지루한 경기 중 하나였다. 브라질에서 가장 평화롭고 깨끗한 도시로 정평이 난 수도 브라질리아의 풍경만큼이나 고요한 경기였다. 양 팀 모두 지루한 공방을 벌였지만, 팀 정신의 측면에서는 모두 좋은 모습을 보였다. 프랑스는 마지막까지 집중력을 잃지 않고 두 골을 만들었고, 나이지리아 역시 조별리그에서 막강 화력을 보인 프랑스의 공격을 철저히 무력화시키며 많은 활동량과 헌신적인 협력 플레이를 통해 대등한 경기를 펼쳤다. 양 팀 모두 전심전력을 다한 경기를 했다. 중요한 것은 프랑스가 팀으로 승리하는 법을 배워가고 있다는 점이었다.

프랑스가 경기를 통제하면서 경기장 분위기는 쉽사리 뜨거워지지 못했다. 양 팀의 공격은 대부분 측면을 통해 전개되어 중앙에서 과감한 공격을 펼칠 수 있는 창조성이 부족했다. 프랑스 미드필더 포그바는 몇 차례 힘 있는 돌파로 나이지리아의 압박을 무너뜨렸으나, 페널티 에어리어 지역에서는 인상적인 장면이 없었다. 카림 벤제마와 짝을 이룬 올리비에 지루는 단조로운 플레이의 원흉으로 지탄받았는데, 경기 후 기자회견에서 한 외신기자는 "지루를 선발로 내세운 것이 실수라고 생각하냐"라는 질문을 하기도 했다. 하지만 디디에 데샹 프랑스 감독은 이를 부인하며, "지루는 공중볼 확보 측면에서 공격과 수비 양면에서 효과가 있는 선수다. 벤제마를 잘 지원했다"라고 말했다.

ANTOINE GRIEZMANN

데샹 감독의 두둔에도 불구하고 지루가 빠진 이후 경기가 활발해진 것은 사실이다. 프랑스의 공격이 살아난 것은 윙어 앙투안 그리즈만이 투입되고 벤제마가 측면에서 중앙으로 이동하면서부터다. 좌우측면에서 그리즈만과 발뷔에나가 지친 나이지리아 수비를 흔들었고, 벤제마는 섬세한 터치에 이은 묵직한 움직임으로 차이를 만들어 냈다. 경기가 뜨거웠던 것은 후반 막판 15분 정도였다. 데샹 감독이 그리즈만을 교체로 투입한 것은 전략적인 선택으로 볼 수 있다. 나이지리아 선수들의 체력과 집중력이 떨어진 후반부에 승부를 건 것이다. 애초에 조별리그에서 프랑스가 많은 골을 넣은 경기 상대는 비교적 전력이 약한 팀으로 평가받는 온두라스와 스위스였다.

프랑크 리베리가 부상으로 빠진 프랑스는 탄탄한 기본기를 바탕으로 좋은 성적을 내고 있었지만, 창조적인 팀으로 부르기엔 번뜩임이 부족했다. 프랑스는 '아트 사커'라는 별명으로 수식되지만, 당시 프랑스 대표팀은 예술가의 팀이라기보다는 노동자의 팀에 가까웠다. 온몸을 던져 나이지리아의 공격을 막던 수비수 코시엘니와 골키퍼 요리스가 가장 눈에 띄었다. 프랑스에겐 2014 브라질 월드컵 만큼이나 자국에서 열리는 유로2016 대회가 중요했다. 이날과 같은 경기력이라면 자국 팬들의 기대를 충족시키기 어려울 것 같았고, 중립적인 입장의 브라질 팬들은 안정적인 경기를 치른 프랑스보다 투혼을 발휘하며 시작부터 달려든 나이지리아 대표팀을 향해 응원의 함성을 보냈다. 공격수 벤제마를 제외하면 나이지리아전의 프랑스 대표팀은 매력적이지 않았다. 하지만 벤제마가 대표팀 동료 마티외 발뷔에나를 협박하는 사건이 발생하면서

대표팀에서 퇴출하는 사태가 벌어졌고, 나이지리아와 경기에서 두각을 나타낸 포그바와 그리즈만, 그리고 이때까지만 해도 벤제마에 못 미치는 선수로 여겨진 지루와 브라질 월드컵에서 팀의 구심점 역할을 맡은 골키퍼 요리스가 4년 뒤 월드컵 우승의 핵심 선수로 프랑스 대표팀의 새로운 중심 라인을 구축하게 된다. 브라질 월드컵의 경험이 이 네 명의 선수들이 러시아에서 대회 기간 내내 노련한 팀을 이끄는 데 밑거름이 된 것이다.

유럽 축구를 대표하는 독일과 프랑스의 '2014 브라질 월드컵' 8강 맞대결은 소문난 잔치에 먹을 것 없는 경기로 회자된다. 역동적인 축구를 양산한 대회에서 가장 지루하고 밋밋한 내용의 경기 끝에 독일이 4강 진출에 성공했다. 결승전 개최지이기도 한 브라질 히우지자네이루 마라카낭 주경기장에는 7만 4천여 관중이 운집했다. 독일과 프랑스의 원정 팬들뿐 아니라 세계 각지에서 8강 승부를 보기 위해 모였지만, 7만 4천여 관중은 경기 내내 함성을 내지르는 시간보다 하품하는 시간이 더 많았다.

현지 시각으로 7월 4일 오후 1시에 킥오프한 경기는 섭씨 28도에 습도 70% 이상에 육박하는 무더위 속에 진행됐다. 16강전을 돌파하는 과정에서 체력 소모가 컸던 탓인지 두 팀 모두 초반부터 활기가 부족했다. 독일은 세트피스 상황에서 선제골을 넣었고, 전반 13분 토니 크로스의 프리킥을 수비수 마츠 훔멜스가 헤딩 슈팅으로 마무리했다. 이후 독일은 실리적인 경기 운영을 보였다. 볼 소유권을 쥔 상태로 템포를 늦추고, 여유롭게 공을 돌리며 프랑스에게 기회를 주지 않았다.

프랑스는 독일의 수비를 공략하지 못했다. 마티외 발뷔에나는 공간을 창출하지 못했고, 그리즈만은 힘에서 밀렸다. 벤제마는 외로운 플레이를 했고, 미드필더 마투디와 포그바 역시 중원에서 표류했다. 나이지리아와의 16강전과 마찬가지로 창조성을 갖춘 미드필더가 없었던 프랑스는 길을 잃었다. 독일 문전까지 침투한 상황에서도 유효한 슈팅을 만들지 못했다. 골키퍼 마누엘 노이어는 빠른 발을 이용해 위기 상황을 사전에 차단했다. 파괴적인 움직임을 보인 벤제마도 훔멜스의 대인 방어에 꽁꽁 묶였다. 반면 독일의 수비 조직은 완벽했다. 독일은 안드레 쉬를레가 후반전에 두 차례 슈팅 기회를 놓치지 않았다면 충분히 추가골을 넣을 수 있었다. 공을 소유하고, 성급하게 달려들지 않는 축구로 4강전 이후 이어질 체력을 안배하는 모습을 보였다.

프랑스는 조급한 상황이었지만 할 수 있는 것이 별로 없었다. 로이크 레미, 올리비에 지루 등 공격수를 연이어 투입하며 롱볼을 시도했으나 정확성이 떨어졌다. 허를 찌르는 패스를 구사할 수 있는 선수가 단 한 명도 없었다. 리베리의 부상 결장 속에 새로운 스타들은 지단의 후계자가 되기에 아직 설익은 모습을 보였다. 프랑스 관중들은 무기력한 경기 내용에 실망한 기색이 역력했다. 독일 팬들은 전체적으로 지루한 내용의 경기에도 4회 연속 4강 진출에 기뻐했다. 브라질 팬들은 전반전 종료 전에 자리를 떴고, 후반전 종료 전에도 큰 기대 없이 경기장을 떠났다. 지루한 내용에 야유가 나왔다. 독일은 이날 경기에서 수비적 안정성을 확인했다. 경기는 루즈했지만 독일은 정신적으로나 전술적으로 빈틈이 없었다. 독일은 체력 소모를 최소화하며 4강에 올랐고, 이기는 법을 아는 팀답게 대회 전체를 내다보고 경기를 운영했다.

2014 브라질 월드컵이 자신의 첫 메이저 대회였던 그리즈만은 팀의 중심도 아니었고, 경험도 부족했다. 하지만 이 경험을 토대로 2년 뒤 자국에서 열린 유로2016 대회에서 지주 이후 최고의 스타라는 찬사를 받으며 날아오른다. 브라질 월드컵은 그리즈만에게 좋은 예행연습이 됐고, 리베리의 부상이 프랑스 축구에 전화위복이 된 것이다. 그리고 2018 러시아 월드컵에는 킬리안 음바페라는 프랑스 축구의 역대급 재능이 등장했다. 음바페는 프랑스 대표팀에 두 번째 월드컵 우승을 안긴 주역으로 평가받지만, 유로2016 준우승을 이끌며 프랑스의 새로운 마에스트로로 자리 잡은 그리즈만이 없었다면 음바페의 역사로 이뤄지지 못했을 것이다.

02 유로2016 준우승, 플라티니의 기록을 이어받다

유로2016 준결승전은 2년 전 월드컵 8강전에서 탈락을 안긴 독일과의 재회이자, 달라진 프랑스의 중심에 그리즈만이 있다는 것을 상징적으로 보여준 경기로 꼽힌다. 프랑스와 독일의 '유로2016' 준결승전 승패를 가른 것은 해결사의 유무였다. 독일은 부상과 징계 등으로 전력 누수가 큰 상황이었고, 좋은 경기를 펼쳤음에도 골을 넣는 과정에서 파괴력이 부족했다. 반면 경기 외적인 이유로 카림 벤제마를 선발하지 못했던 프랑스에는 앙투안 그리즈만이 있었다. 그리즈만은 독일과의 경기에서 홀로 두 골을 넣었다. 독일전 멀티골로 유로 본선에서 6호 골에 도달했다. 유로 대회 본선에서 6골 이상을 기록한 선수는 1984년 대회에서 프랑스의 우승을 이끈 미셸 플라티니(9골) 이후 그리즈만이 처음이다. 그리즈만은 대회 참가 전부터 스타였다. 그러나 조국 프랑스의 영웅이 되는 길에는 우여곡절이 많았다.

그리즈만이 스페인 클럽 레알 소시에다드에 입성한 10년 전만 하더라도 그는 무명에 가까웠다. 그리즈만이 온전히 스페인에서만 프로 경력을 보내고 있는 이유는 프랑스 축구가 그의 재능을 알아보지 못했기 때문이다. 그리즈만은 자신의 고향 마콩의 지역 유소년 팀에서 축구를 시작했고, 그보다 큰 팀에서 뛰기 위해 나섰던 입단 테스트에서 줄줄이 떨어졌다. 그리즈만은 본래 올랭피크 리옹의 팬이었다. 리옹을 비롯한 프랑스 유수의 명문 팀들은 그리즈만이 자신들의 팀에서 뛰기에는 너무 '작다'고 여겼다. 하지만 이제는 그 팀들이 그리즈만을 품기에 너무 작다.

그리즈만은 2005년 프랑스 클럽 몽펠리에 입단 테스트를 받으러 갔다가 PSG 유소년 팀과 친선 경기에 나섰고, 이를 본 몇몇 팀이 관심을 보였는데 그중 가장 적극적으로 나선 팀이 레알 소시에다드였다. 레알 소시에다드의 연고지인 스페인 북부 바스크 지역은 프랑스와 인접해 있다. 레알 소시에다드는 산 세바스티안에서 1주일간 테스트를 요구했고, 2주째 되던 날 입단을 제의했다. 그리즈만은 2009년, 레알 소시에다드가 2부리그로 강등되었던 시기에 프로 선수로 데뷔했고, 2009-10시즌에 6골을 기록하며 팀의 2부리그 우승을 이끌었다. 2010-11시즌부터는 본격적으로 라리가 무대에 모습을 드러냈고, 그제야 프랑스는 그리즈만을 연령별 대표 선수로 차출하기 시작했다. 그리즈만은 레알 소시에다드에서 프랑스 출신의 필립 몽타니에 감독을 만나며 득점 본능을 폭발시켰다. 2012-13시즌에 라리가에서 10골을 넣은 그리즈만은 2013-14시즌에는 49차례 공식 경기에서 20골을 기록하며 아틀레티코로 이적했다. 그리고 2014년 여름 프랑스 국가대표로 2014 브라질 월드컵까지 참가했던 그리즈만은 아스널과 PSG의 제안을 뿌리치고 아틀레티코를 택했다. 아르센 벵거의 팀에 가지 않은 이유, 고국을 대표하는 팀에 가지 않은 이유에 대해 그리즈만은

'시메오네의 전화'가 결정적이었다고 했다. 아틀레티코의 디에고 시메오네 감독은 그리즈만에게 직접 전화를 걸어 영입에 대한 강한 의지를 직접 밝혔다. 더불어 자신을 프로 선수로 키워준 스페인 무대에 대해 '나의 집'이라고 말하며 애정을 표하기도 했다. 스페인은 그리즈만에게 제2의 고향이다.

사실 그리즈만은 '유로2016' 준결승전에서 독일을 탈락시켰지만, 과거 역사가 달랐다면 독일을 위해 뛰는 선수가 되었을 수도 있다. 그리즈만의 부친 알랭은 알자스 지방 출신이다. 프랑스 북동부에 위치한 알자스는 1871년까지 독일과 영유권 싸움이 벌어진 곳이다. 이 지역 출신 사람들 중에는 독일식 성씨를 쓰는 이들이 많다. 그리즈만이라는 성씨도 프랑스보다는 독일스러운 느낌이 강하다. 그리즈만의 축구 혈통은 포르투갈 출신인 어머니 쪽에서 왔는데, 이사벨의 부친 아마로 로페스가 포르투갈 축구클럽 파소스 드 페하이라에서 프로 축구선수로 생활했다. 아마로는 선수 생활을 마친 이후 프랑스로 건너와 건축업에 종사하며 정착했고, 이런 외조부의 영향으로 그리즈만은 축구에 관심과 재능을 보였다. 하지만 아쉽게도 아마로는 그리즈만이 프로 선수로 성공하는 모습을 보지 못하고 작고했다. 그리즈만은 혈통의 영향으로 프랑스가 계속 그리즈만의 재능을 외면했다면 다른 국가대표 팀의 일원이 될 수 있는 선택지가 많았다.

부친의 역사와 인연이 있는 독일을 탈락시킨 그리즈만은 모친의 혈통이 섞인 포르투갈과도 결승전에서 격돌하게 됐다. 여러모로 그리즈만이 유로2016 대회의 주인공이 될 수밖에 없는 스토리를 품고 있었다. 하지만 이번에도 승리의 여신은 그리즈만을 향해 웃어주지 않았다. 앞서 5월에도 호날두의 소속팀 레알 마드리드와 챔피언스리그 결승전에서 승부차기 끝에 패배해 준우승에 그친 것에 이어 유로 결승전에서도 호날두가 우승컵을 드는 모습을 바라봐야 했다.

결국 유로2016 드라마의 주인공은 국가대표팀에서 유독 트로피와 인연이 없었던 크리스티아누 호날두가 됐다. 호날두는 경기 초반 부상으로 쓰러져 눈물을 흘리며 교체되었고, 이 상황은 어쩌면 개최국 프랑스를 상대한 포르투갈 선수단의 정신력을 더 끌어올리는 전화위복이 됐다. 호날두가 벤치에서 응원한 포르투갈은 연장전에 터진 에데르의 벼락같은 중거리 슈팅으로 1-0 승리를 거두며 우승컵을 들어 올렸다. 그리즈만은 6골로 대회 득점왕을 차지했지만 웃을 수 없었다. 하지만 그는 무너지지 않고 더 강하게 도전할 것을 다짐했다. 시련은 그리즈만을 더 강하게 만드는 동력일 뿐이었다.

내가 유로 득점왕을 차지했다는 사실은, 아마 먼 훗날에는 내게 자부심이 될 수 있을 것이다.
하지만 지금은 오직 프랑스 대표팀에 대한 생각뿐이다.
정말로 동료들과 함께 프랑스에 우승컵을 안겨주고 싶었다.
하지만 난 오늘 득점하지 못했고, 우승을 이루지 못해 너무나 실망스럽다.
우리는 극적인 순간에 살아남기도 했고, 가장 슬픈 순간도 경험하게 됐다.
한 달 사이에 두 번의 결승전에서 패배했기에 물론 기분이 좋지 않고 답답한 게 사실이다.
잔인하지만 아름다운 게 축구다. 오늘 밤, 모든 것을 쏟아냈기 때문에 후회는 없다.
동료들과 우리 팀이 이룬 업적에 자부심을 느낀다.
이번에는 우리가 해내지 못해 안타까울 뿐이다.
우리는 최선을 다했지만 상대 팀 골키퍼가 너무 잘했다.
포르투갈이 기회를 많이 만들지 못했지만, 현명한 플레이를 했다고 생각한다.
실망스럽지만 다시 강하게 돌아와야 한다. 이 결과에서 배워야 한다.

03   2018 러시아 월드컵 우승, 세계 정상에 서다

'차세대 축구황제'로 불리는 킬리안 음바페의 등장, 수많은 기행으로 새로운 프랑스의 대표 얼굴이 됐던 '아이콘' 폴 포그바, 그리고 '연계왕' 올리비에 지루까지, 2018 러시아 월드컵은 이들로 기억되곤 하지만, 사실 프랑스 대표팀 통산 두 번째 우승을 이루는 데 가장 결정적인 역할을 한 선수가 그리즈만이었다는 점을 종종 간과한다.

ANTOINE GRIEZMANN

프랑스는 킬리안 음바페가 원톱에 서고 우스만 뎀벨레가 왼쪽 측면 공격수, 그리즈만이 오른쪽 측면 공격수로 배치되어 호주와 C조 첫 경기를 치렀다. 그리즈만은 프랑스가 전반적으로 부진하며 0−0 흐름이 이어지던 58분, 자신이 얻어낸 페널티킥을 성공시켜 선제골을 터트렸다. 그리고 이 골은 월드컵 역사상 처음으로 VAR 판독을 통해 결정된 페널티킥이라는 역사적 의미도 남겼다. 곧바로 62분 밀레 예디낙이 동점골을 넣었고, 81분 아지즈 베히치의 자책골이 터지며 프랑스가 2−1로 승리했다. 그리즈만은 이 경기의 공식 최우수 선수로 선정됐다. 호주전 승리에도 경기 내용에 만족하지 못한 데샹 감독은 페루와 C조 2차전에 변화를 줬다. 지루를 원톱으로 두고 그리즈만을 처진 공격수로 배치해 더 자유롭게 공격을 주도하게 했다. 그리고 왼쪽 측면에는 중앙 미드필더 블레즈 마튀디를 배치해 수비 균형을 맞추고, 오른쪽 측면에 음바페를 배치했다. 전반 34분에 음바페가 넣은 1−0 승리 결승골은 포그바의 패스에 이어 지루의 슈팅이 수비를 맞고

나는 앙투안 그리즈만에게 깊은 인상을 받았다.
그는 핵심 선수이다.
그는 은골로 캉테처럼 태클을 하고 있었다.
나는 그리즈만을 안다.
그는 이러한 역할을 맡는 선수가 아니다.
덴마크와의 경기에서 나는 감탄하며 소리를 질렀다.
그는 보스 같았고 마에스트로처럼 보였다.
하지만 그는 저평가된 선수다.
음바페가 2골을 넣었기 때문에 사람들은
주로 음바페에 대해 이야기하지만
그리즈만은 어디서든 플레이했다.
그는 뒤에서 뛰면서 태클을 했고,
공을 가지고 지능적으로 경기를 이어갔다.
정말 똑똑한 선수다.
나에게 그리즈만은 가장 중요한 선수이다.

_ 파트리스 에브라 전 프랑스 대표팀 레프트백

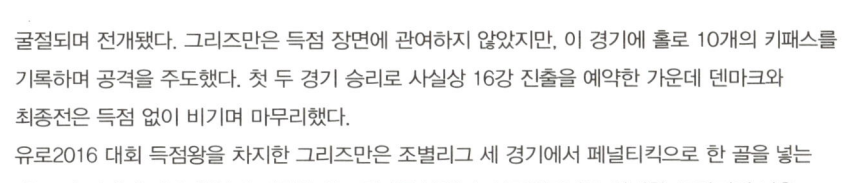

굴절되며 전개됐다. 그리즈만은 득점 장면에 관여하지 않았지만, 이 경기에 홀로 10개의 키패스를 기록하며 공격을 주도했다. 첫 두 경기 승리로 사실상 16강 진출을 예약한 가운데 덴마크와 최종전은 득점 없이 비기며 마무리했다.

유로2016 대회 득점왕을 차지한 그리즈만은 조별리그 세 경기에서 페널티킥으로 한 골을 넣는 데 그쳐 기대에 비해 활약이 미진하다는 평가를 받았다. 아르헨티나를 상대한 16강전에 넣은 대회 2호골도 페널티킥이었다. 전반 10분에 음바페가 얻은 페널티킥을 성공시킨 것이다. 난타전 끝에 4-3으로 이긴 경기의 주인공은 페널티킥 유도 외에 홀로 두 골을 몰아치며 원맨쇼를 펼친 음바페였다.

그리즈만이 불붙기 시작한 것은 자신의 축구 인생에 남다른 인연이 있는 우루과이를 상대한 8강전이었다. 전반 40분 그리즈만의 날카로운 왼발 프리킥을 라파엘 바란이 헤더 슈팅으로 마무리해 선제골이 터졌다. 후반 61분에는 톨리소의 패스를 받은 그리즈만이 먼 거리에서 시도한 벼락같은 왼발 중거리 슈팅으로 2-0 승리의 쐐기를 박았다. 그리즈만이 1골 1도움으로 원맨쇼를 펼쳐 프랑스가 4강에 올랐다. 이날 그리즈만은 골 세리머니를 하지 않았다. 클럽 축구에서 친정팀을 상대로 처음 만난 경기나, 친정팀을 방문해서 경기할 때 존중의 의미로 세리머니를 하지 않는 축구계의 전통이 있는데, 그리즈만에게 우루과이는 그런 존재는 아니다. 다만 아틀레티코 마드리드의 팀 동료인 디에고 고딘, 호세 히메네스 등이 뛰고 있던 우루과이가 자신의 프로 커리어에 수많은 인연으로 얽혀 있어 존중의 의미를 담아 세리머니를 하지 않아 화제가 됐다. 이 사건은 프랑스에서 그리즈만의 애국심에 대한 논란을 불러일으켰지만, 우루과이 팬들이

준결승전과 결승전에서 프랑스와 그리즈만을 응원하는 계기가 됐다. 실제로 우루과이 대표팀 수비수이자 아틀레티코의 팀 동료 고딘은 결승전을 앞두고 그리즈만에게 전화를 걸어 "우리는 패배에 모두가 슬퍼하고 있지만 존경심을 표하고 널 응원하고 있어. 그리즈만, 넌 해낼 수 있어. 네가 오늘 밤 월드컵 우승 트로피를 드는 모습을 보고 싶다, 친구!"라는 말을 남기며 모든 우루과이 국민들이 그리즈만이 보여준 존중에 고마워하고 있음을 전했다.

그리즈만은 '황금세대' 벨기에와 준결승전에 단연 압도적인 경기력을 선보였고, 결국 51분 날카로운 왼발 코너킥으로 수비수 사무엘 움티티의 헤더 결승골을 어시스트하며 토너먼트 진입 후 전 경기 공격 포인트 행진을 이어갔다. 그리즈만의 월드컵 활약의 백미는 크로아티아와 결승전이었는데, 이 경기 전까지 챔피언스리그 준우승, 유로 준우승, 라리가 준우승 등으로 번번이 우승 문턱에서 좌절해 왔던 그리즈만은 모든 한을 풀었다. 전반 18분에 터진 프랑스의 선제골은 그리즈만의 날카로운 왼발 프리킥을 막으려던 마리오 만주키치의 자책골로 나왔다. 이반 페리시치가 28분 동점골을 넣고 따라왔지만, 38분에 그리즈만은 페리시치의 핸드볼 파울로 얻은 페널티킥을 침착하게 성공시켜 대회 4호 골을 터트렸다. 이어 59분에 포그바의 쐐기골을 어시스트했으며, 65분 음바페가 프랑스의 네 번째 골을 넣었고, 만주키치가 69분 한 골을 만회해 4-2 스코어로 경기가 마무리됐다. 이 경기의 가장 중요한 시점에 나온 골은 모두 그리즈만이 만들어 낸 기회였다.

데상 감독은 현역 선수 시절 함께 월드컵 우승과 유로 우승을 이뤘던 동료 선수 지단의 별명 '지주'에서 비롯된 그리즈만의 별명 '그리주'를 직접 대표팀 소집 기간 부르며 총애한 것으로 알려졌다. 대표팀의 신참내기였던 음바페도 "그리즈만은 2016년부터 프랑스 대표팀을 이끌어 온 선수이며, 월드컵 우승을 이끈 주역"이라고 인정했다.

그리즈만은 "우리가 프랑스인이라는 사실이 자랑스럽다. 우리는 아름다운 조국, 위대한 팀을 가지고 있다. 국민들 역시 프랑스인이라는 것에 자부심을 느끼도록 하고 싶다."라는 우승 소감과 함께 본인의 활약상에 대해서는 "골은 음바페도 넣을 수 있고, 지루도 넣을 수 있다. 가장 중요한 것은 함께 수비하는 것이다."라는 겸손한 말로 팀 정신을 강조했다. 그리즈만은 월드컵 결승전 최우수 선수로 선정됐고, 월드컵 실버부트와 브론즈볼을 수상했다. 이로써 그리즈만은 1998년 지네딘 지단에 이어 월드컵 결승전 최우수 선수로 선정된 두 번째 프랑스 선수가 되었고, 대회 기간 3번의 경기 최우수 선수 선정, 전 경기 선발 출전 4득점 2도움의 기록으로 프랑스 축구 불멸의 레전드로 축구 역사에 남게 됐다.

월드컵 우승 이후 국가 훈장을 받은 그리즈만은 가족들과 함께 고향 마콩에서 우승 축하연을 따로 가졌다. 마콩 시청에 모인 인파들 앞에서 아내 에리카, 딸 미아를 비롯해 모두가 모여 월드컵 우승을 축하했다. 포르투갈 이민자의 아들, 스페인 출신 아내 에리카, 딸 미아의 대부가 되어준 우루과이 수비수 고딘까지, 자신이 맺은 모든 인연을 소중히 여기며 가족이 된 그리즈만은 '세계 챔피언'이라는 타이틀이 누구보다 잘 어울리는 선수다.

04

2024년
프랑스 국가대표
은퇴 선언

그리즈만을 향한 디디에 데샹 감독의 헌사

오랜 시간 신중하게 고민한 끝에 앙투안은 자신의 멋진 국가대표 선수 경력을 마치기로 결정했습니다. 우리는 최근 이 사안에 대해 오랫동안 함께 의논했습니다. 그가 10년 전 프랑스 대표팀 선수로 데뷔한 이후, 저는 앙투안과 솔직한 관계를 유지해 왔습니다. 프랑스 국가대표팀에서 은퇴한다는 것은 결코 쉬운 결정이 아닙니다. 특히 그토록 프랑스 축구를 잘 대표해 왔고, 좋은 활약을 펼친 선수라면 더더욱 그렇죠. 용기, 명민함과 정직함이 필요한 대표 선수로서 앙투안은 이 모든 것이 부족하지 않았습니다. 프랑스 대표팀이 이룬 모든 성공에 그의 공로가 큽니다.
앙투안의 클럽 커리어는 끝나지 않았지만, 프랑스 축구 역사상 가장 위대한 선수 중 한 명으로, 프랑스 축구의 기념비적인 인물로 남게 될 것입니다. 그는 프랑스 대표팀에서 44골 30도움을 기록했다는 사실 외에도, 지난 10년간 프랑스 대표팀이 이룬 성과에 앙투안이 기여한 바는 실로 엄청났습니다. 항상 공동체 정신을 발휘했고, 공격수로는 드물게 이타심을 바탕으로 플레이한 앙투안은 항상 프랑스 축구의 자랑이었습니다. 그는 언제나 속임수 없이 정직한 선수 생활을 했습니다. 당연히 저는 앙투안의 국가대표 은퇴를 매우 감정적으로 받아들이고 있습니다.
저는 앙투안이 '내 사람'이었다고 종종 말하곤 했습니다. 우리는 실제로 매우 돈독한 관계를 맺었고, 그 관계는 앞으로도 변함없이 유지될 것입니다. 진심으로 모든 것에 감사드립니다. 앙투안 그리즈만!

ANTOINE GRIEZMANN

> 지네딘 지단과 앙투안 그리즈만은 두 명의 위대한 창조자이다.
> 그들은 자신을 생각하기 전에 먼저 다른 사람을 생각하며
> 이는 팀에 직접적인 영향을 미친다.

_ **비센테 리사라수** 전 프랑스 대표팀 레프트백

LES BLEUS RECORD

그리즈만이 프랑스 축구 역사상 최고의 선수로 기억되어야 하는 이유

세계적인 스포츠 통계 업체 OPTA가 정밀 데이터 분석을 기반으로 운영하는 미디어 '디 애널리스트'는 앙투안 그리즈만이 프랑스 축구 국가대표팀 선수로 은퇴를 발표한 2024년 9월 30일, 객관적인 기록을 통해 그리즈만이 '프랑스 대표팀 역사상 가장 위대한 선수 중 한 명'으로 기억되어야 하는 이유를 설명했다. 1980년대의 미셸 플라티니와 1990년대와 2000년대의 지네딘 지단, 티에리 앙리, 그리고 새 시대의 기수로 꼽히는 킬리안 음바페가 '에이스'로 꼽혀왔지만, 그 사이에 그리즈만의 이름이 빠져선 안 된다는 주장을 '데이터'로 입증한 것이다.

우선 출전 기록이다. 그리즈만은 10년 동안 프랑스 대표 선수로 A매치 137경기에 출전했다. 이는 골키퍼 위고 요리스가 기록한 145경기 출전, 수비수 릴리앙 튀랑이 기록한 142경기 출전에 이은 역대 최다 출전 3위에 해당한다. 이는 공격수 포지션으로는 최다 출전 기록이며, 스트라이커 올리비에 지루와 공동 기록이다. 티에리 앙리는 123경기에 출전해 역대 5위에 올랐다. 또한 역대 출전 경기에서 최다 승리 기록을 보유한 튀랑(93경기)에 이어 91경기로 프랑스 대표팀 출전 경기 최다승 2위, 공격수 1위 기록도 그리즈만이 차지했다.

그리즈만은 프랑스 대표팀에서 가장 꾸준함을 보여준 선수이기도 하다. 2018년 8월 31일부터 2023년 11월 21일까지 프랑스 남자 대표팀의 84경기에 연속으로 출전했다. 이는 종전 최다 연속 출전 기록을 수입했던 미드필더 파트릭 비에라보다 무려 40경기나 더 많이 뛰며 세운 압도적인 최다 기록이다.

그리즈만이 프랑스 국가대표팀에 데뷔한 이후 소집되지 않은 것은 모두 불가항력적인 상황 때문이었다. 2016년 5월 30일, 유로2016 본선을 앞두고 치른 카메룬과 평가전은 아틀레티코 마드리드의 UEFA 챔피언스리그 결승전 일정으로 인해 합류가 늦을 수밖에 없었고, 2016년 11월 코트디부아르와 평가전은 스웨덴과 월드컵 유럽 예선 경기에서 2-1 승리를 이끈 어시스트를 기록한 후 타박상을 입어 하차할 수밖에 없었다. 대기록이 멈췄던 2024년 3월 독일, 칠레를 상대한 친선 경기 당시에는 아틀레티코 마드리드 경기에서 입은 발목 부상으로 한 달여 가까이 재활을 해야 했기에 빠지게 되었다.

10년이라는 세월을 보내며 부상 이탈이 한 번뿐이었다는 점에서도 그리즈만이 훈련은 물론 몸 관리까지 얼마나 철저히 했는지 알 수 있다. 심지어 최전방에서 뛸 때에도 어마어마한 압박을 시도하며 많은 활동량을 기록하고, 현란한 기술로 상대 수비의 집중 견제를 받아온 선수였다는 점을 감안하면 그리즈만을 '프랑스 축구의 철강왕'이라 불러도 과언이 아니다.

더불어 그리즈만은 프랑스 대표팀 역대 A매치 득점 44골로 올리비에 지루(57득점), 티에리 앙리(51득점), 킬리안 음바페(48득점)에 이어 4위에 올랐다. 지루와 앙리, 음바페가 주로 최전선에서 득점하는 역할을 맡아온 것과 달리 그리즈만은 처진 공격수, 공격형 미드필더, 좌우 측면 윙어뿐 아니라 중앙 미드필더 포지션까지 커버하며 최전방 공격수들의 득점을 돕는 역할을 주로 맡았으며, 커리어 말기에는 아예 기점 패스를 만드는 중원 마에스트로 역할까지 맡았다는 점에서 대단한 득점력을 보인 것이다.

그리즈만은 2021년 11월 파르크 드 프랑스에서 열린 카자흐스탄과 경기에서 8-0으로 승리할 때 프랑스 축구 불멸의 플레이메이커 미셸 플라티니가 기록한 41득점 기록을 넘어섰다. 그리즈만이 프랑스 대표팀에서 기록한 마지막 골은 2023년 9월 12일 독일 도르트문트에서 1-2로 패배했던 독일 대표팀과의 친선 경기에서 나왔고, 그 이후 준결승에서 막을 내린 유로2024 본선 대회 6경기를 포함해 2024년 9월 자신의 마지막 국가대표 소집이자 출전이 된 이탈리아, 벨기에와 2024-25시즌 UEFA 네이션스리그 경기 등 총 14경기 동안 득점을 올리지 못한 채 대표팀 경력에 마침표를 찍었다.

하지만 그리즈만은 프랑스 대표팀에 득점 그 이상의 기록을 남겼다. 총 137회의 국가대표 경기에 출전해 30개의 어시스트를 기록하면서 무려 74개의 공격 포인트를 만들어냈다. 그리즈만은 현재 프랑스 대표팀 역대 최다 득점 선수인 지루에게 5개의 어시스트를 공급한 최고의 도우미였다. 두 선수는 함께 106경기를 뛰며 역대 가장 많은 경기에서 호흡을 맞춘 공격수로 프랑스 대표팀의 세 번째 황금기를 이끌었다.

보면 앞으로 프랑스 대표팀의 온갖 기록을 다 새로 쓸 가능성이 높지만, 그리즈만이 담당한 포지션과 역할, 그가 대표팀 은퇴를 선언한 시점에 남긴 업적이 프랑스 축구사에 한 획을 그었다는 점은 분명하다.

그리즈만은 무려 세 차례의 메이저 대회 결승전에 출전했다. 우승을 차지한 2018 러시아 월드컵 결승전에서는 크로아티아를 상대로 페널티킥을 얻어 득점했고, 2022 카타르 월드컵에서 아르헨티나에 아깝게 졌던 결승전도 뛰었다. 역대 메이저 대회에서 넣은 11골은 2,704분을 뛰며 나온 기록으로 90분당 0.37골에 해당하는 놀라운 비율이다. 11골 중 9골을 본인의 장기인 왼발로 넣었고, 2골은 어린 시절부터 그의 성공이 어렵다는 이유로 지목된 '작은 키'에도 헤더 득점으로 장식했다.

통계 매체 후스코어드닷컴은 33세의 나이로 프랑스 대표팀에서 은퇴한 그리즈만의 커리어를 정하며 그의 도움을 38개로 표기했다. 도움 기록은 매체마다 집계 방식이 다른데, 유럽 클럽 대항전의 경우 골키퍼가 막아낸 슈팅을 다른 선수가 탭인으로 넣거나, 골대를 때리고 나온 슈팅을 다른 선수가 기록하는 경우, 얻어낸 페널티킥을

> 그리즈만은 나보다 더 폭넓은 쓰임새가 있는 선수다.
> 골 넣는 능력도 최고다.
> 최전방 스트라이커가 될 수도 있다.
> 디에고 시메오네 아래에서 매우 쓰임새가 많은 공격수가 됐다.
>
> _ 로베르 피레스 전 프랑스 대표팀 윙어

2014 브라질 월드컵을 시작으로 10년이라는 세월 동안 그리즈만은 프랑스 대표팀 사상 가장 많은 메이저 대회 본선 출전 기록도 세웠다. 월드컵과 유로 본선에서만 36경기에 출전했고, 메이저 대회에서 넣은 골만 11득점이다. 프랑스 대표팀의 메이저 대회에서는 미셸 플라티니(14경기), 킬리안 음바페(13경기), 쥐스트 퐁텐(13경기), 티에리 앙리(12경기)만이 그리즈만보다 더 많은 골을 넣었지만, 자국에서 열린 유로2016 대회에서 6골로 득점왕을 차지하며 프랑스를 결승전까지 이끈 그리즈만의 활약은 여전히 대회 최고의 퍼포먼스로 평가받고 있다. 물론 아직 한창인 음바페의 최근 기세를

다른 선수가 득점하는 경우도 어시스트로 기록할 때가 있다. 이런 경우들을 포함하면 그리즈만이 프랑스 대표팀에서 무려 82골에 관여한 것이다.

그리즈만은 유로2016 특점왕이자 대회 최우수 선수로 선정됐고, 월드컵과 유럽 네이션스리그 우승으로 세계 축구의 정점이자 유럽 축구의 정점에 섰다. 2018 러시아 월드컵 우승 당시 10대의 나이로 천재성을 발휘한 음바페가 스포트라이트를 독식했고, 2014 브라질 월드컵 영플레이어상 수상자 출신의 천재 미드필더 폴 포그바가 또 다른 주역으로 평가받았으나, 골든볼을 수상한 크로아티아의 루카 모드리치, 실버볼을 수상한 벨기에의

그리즈만은 그 자신이 마땅히 받을 자격이 있는 인정조차 충분히 받지 못했다고 생각한다.
2018년은 아틀레티코에서 이룬 성과뿐 아니라 월드컵이 있던 해입니다.
그리즈만이 충분히 발롱도르 수상자가 될 수 있었고, 그럴 자격이 있었다고 생각합니다.
솔직히 말하자면, 그가 마땅히 받아야 할 수상을 받지 못한 것이라고 할 수 있습니다.

_ **디디에 데샹** 프랑스 대표팀 감독

에덴 아자르에 이어 브론즈볼을 수상하며 포디움에 오른 프랑스 대표 선수는 그리즈만이었다.
그리즈만은 2018 러시아 월드컵에서 팀 동료 음바페, 벨기에 공격수 로멜루 루카쿠, 포르투갈 공격수 크리스티아누 호날두, 그리고 4골로 6득점을 기록해 득점왕을 차지한 잉글랜드의 해리 케인에 이어 대회 기간 두 번째로 많은 골을 넣기도 했다. 그리즈만은 2개의 어시스트로 득점 동률 선수들 중 최다 도움이자 대회 최다 어시스트를 기록하며 2018 러시아 월드컵 실버부트 트로피도 차지했다. 또한 2018 러시아 월드컵 최다 도움 선수라는 평가에 이어 2회 연속 월드컵 결승 진출을 이룬 2022 카타르 월드컵에서도 7경기에 출전해 3개 어시스트를 기록하며 대회 공동 최다 도움, 월드컵 2개 대회 연속 최다 도움이라는 대기록의 주인공이 되기도 했다.
비록 그의 커리어에 유럽선수권 우승과 UEFA 챔피언스리그 우승이라는 빈칸이 남았지만, 그가 프랑스 축구 역사상 가장 위대한 선수였다고 평가하는 데 이의를 제기할 사람은 없을 것이다. 프랑스 축구 레전드이자, 아스널의 전설, 그리고 바르셀로나에서 우승 커리어의 마지막 빈틈을 채운 티에리 앙리는 30대에 들어서 황혼기를 마주한 그리즈만이 저평가된 선수이라고 공개적으로 주장했다.

**그리즈만은 논쟁의 여지가 없어야 하는 선수입니다.
프랑스 대표팀과 아틀레티코 마드리드에서 이룬 업적은 잘 알려져 있죠. 비록 FC 바르셀로나로 이적한 뒤에는 일이 잘 풀리지 않아 다시 아틀레티코로 돌아와야 했지만요.
피치 위에서 그리즈만은 평범한 33세의 선수들과 달라요.
19살 때부터 모든 경기를 다 뛰었던 선수죠. 아틀레티코 마드리드의 방식을 가장 잘 받아들인 선수이자, 시메오네 감독의 요구를 온전히 수행하는 법을 아는 선수입니다.
그리즈만은 한때 9번 공격수로 뛰었지만, 오른쪽 윙어, 왼쪽 윙어에 처진 공격수 역할까지 모두 소화했습니다.
그리즈만이 어떤 포지션에서도 뛸 수 있고, 적응력이 뛰어난 선수라는 것을 보여주는 부분입니다. 그는 여전히 중요한 선수입니다.**

앙리가 언급하지 않았지만, 그리즈만은 처진 공격수뿐 아니라 공격형 미드필더, 더 내려가서 중앙 미드필더로까지 활약했고, '그리주'라는 별명에 걸맞게 '지주' 지단처럼 중원의 마에스트로 역할까지 능숙하게 해내며 '라리가의 축구 도사'로 인정받았다. 프랑스 대표팀이 자국에서 치른 1998 프랑스 월드컵에서 사상 처음으로 세계 챔피언으로 등극했을 때의 핵심 선수들이 가진 덕목을 모두 구현한 '육각형 축구 천재'로 거듭났다. 유리 조르카예프의 저돌성과 티에리 앙리의 현란함, 지네딘 지단의 우아함과 디디에 데샹의 노련함을 한 몸에 품은 '축구의 화신'이 된 것이다.
하지만 그리즈만이 결국 프랑스 대표팀에서 은퇴하기로 결심한 것은 새로운 축구 황제로 각광받으며 어린 나이에 주장 완장을 찬 킬리안 음바페의 존재 때문이었던 것으로 알려졌다. 그리즈만은 충동적인 결정이 아니라고 설명했다. 폴 포그바와 음바페라는 두 신세대 스타의 화려함에 가려진 그리즈만은 강한 개성과 다인종 선수들로 구성된 프랑스 대표팀에서 대체 불가능한 선수 중 한 명이다. 그리즈만이 아틀레티코를 떠나 미국으로 향한다면, 메시가 그러하듯 미국을 중심으로 열릴 2026 북중미 월드컵 본선을 자신의 마지막 월드컵 무대로 여기고 도전하며 은퇴 선언을 번복할 가능성도 완전히 배제할 수 없다.

Renaissance

아틀레티코 복귀 그리고 르네상스

팬들에게는 배신자가 되어 떠났고, 그에 대한 보상도 얻을 수 없었던 바르셀로나 행을 뒤로 하고 그리즈만은 다시 한번 아틀레티코 마드리드 2기 도전을 선택했다. 그리즈만의 미움받을 용기는 자신을 향한 야유를 다시 환호로 바꾸는 미션 임파서블로 아름답게 귀결됐다. 트로피 없는 왕의 마지막 헌신은 결실을 맺을 수 있을까?

> "제가 복귀할 수 있도록 아틀레티코 마드리드가 기울인 엄청난 노력에 보답하기 위해 매 경기 최선을 다할 겁니다. 아틀레티코 마드리드는 경기장 안팎에서 제가 행복을 느낄 수 있는 최고의 장소입니다."

_ 앙투안 그리즈만

01 바르셀로나 시절에 남은 아쉬움
: 메시의 그림자

그리즈만의 커리어에 있어 가장 큰 오점은 2019년 여름 아틀레티코 마드리드에서 거듭 우승의 꿈을 이루지 못하자 '경쟁팀' 바르셀로나로 이적을 결정하며 아틀레티코 팬들의 마음에 큰 상처를 남긴 것이다. 다시 돌아와 보여준 헌신으로 용서를 받긴 했지만, 축구를 하며 제2의 아버지라고 할 수 있는 시메오네 감독을 저버리면서까지 무리하게 이적을 강행했다. 그리즈만은 2019년 5월 14일에 공식적으로 아틀레티코 마드리드 구단에 이적을 요청했고, 자신의 계약 안에 존재하는 바이아웃 조항을 통해 구단이 거부할 수 없는 조건으로 이적을 추진해 아틀레티코 팬들에게 더 큰 무력감과 배신감을 안겼다.

2억 2000만 유로라는 엄청난 규모의 바이아웃 금액으로 네이마르를 파리 생제르맹에 빼앗긴 바르셀로나는 1억 2000만 유로로 설정된 그리즈만의 바이아웃 금액을 지불하기로 결정했다. 그리즈만 본인이 바르셀로나 이적을 원했기에 성사된 거래였다. 2019년 7월 4일, 그리즈만이 바르셀로나로 이적을 발표하기 전에 아틀레티코 마드리드는 포르투갈 유망주 주앙 펠릭스 영입을 위해 벤피카 측에 1억 2600만 유로의 이적료를 지급하며 그리즈만의 대체자를 찾아 나섰다. 이와 더불어 아틀레티코는 이미 2018-19시즌이 한창 진행 중이던 3월 도중 그리즈만이 이미 바르셀로나 측과 만나 이적 협의를 진행한 사실을 폭로하며 그리즈만에 대한 아틀레티코 팬들의 분노를 더욱 심화시켰다. 아틀레티코가 유벤투스와 챔피언스리그 16강전을 치르던 도중에 바르셀로나와 협의를 진행했고, 이로 인해 경기에 제대로 집중하지 않은 것이 아니냐는 의심을 불러일으켰다. 실제로 아틀레티코는 유벤투스와 16강 1차전에서 2-0으로 승리했지만 2차전에서 0-3 패배를 당하며 충격적인 탈락으로 대회를 마감한 바 있다.

그리즈만은 펠릭스의 영입 발표와 동시에, 펠릭스에게 그리즈만이 달고 뛰던 등번호 7번을 줄 것이 공표되면서 사실상 아틀레티코를 떠나는 것이 공식화됐다. 7월 10일 개시된 프리시즌 훈련에 불참한 그리즈만은 7월 12일 변호사를 통해 바르셀로나 구단에서 준비한 바이아웃 금액 1억 2000만 유로를 대리 지불하면서 아틀레티코와 계약을 무효화했고, 자유 계약 신분이 되어 바르셀로나와 계약을 체결했다. 아틀레티코는 7월 1일 이전에 바이아웃 조항을 발동하려면 2억 유로의 금액을 지불해야 하는데, 그리즈만과 바르셀로나와 사전 합의를 해놓고 1억 2000만 유로로 금액이 낮아지는 7월 1일에 처음 협의를 시작한 것처럼 속였다는 점도 폭로하며 여론전을 펼쳤다. 아틀레티코에 남아 함께 우승에 도전하는 것이 아닌, 라리가와 챔피언스리그 우승을 위해 바르셀로나로 떠나겠다고 결심한 그리즈만에 대한 배신감의 크기를 짐작할 수 있는 행동이었다. 게다가 아틀레티코는 1억 2000만 유로의 바이아웃 금액을 모두 챙기지도 못했다. 레알 소시에다드로부터 그리즈만을 영입할 때 삽입했던 20%의 추후 이적 셀온 금액 지불 조항으로 인해 2400만 유로를 소시에다드 측에 지급해야 했다. 아틀레티코는 이전에도 메시와 호날두에 대적했던 팀 내 중요 선수가 거액의 이적료와 연봉을 제시한 팀으로 떠나는 일을 겪었지만, 이적 대상 팀이 프리미어리그 팀들이었다는 점에서 좋은 관계를 유지했다. 바르셀로나와 아틀레티코의 사이는 나란히 레알 마드리드를 '원수'로 두고 있다는 점에서는 우호적이었지만

시메오네 감독 부임 이후 전술적으로 치열하게 경쟁을 벌이면서 라이벌 의식이 새로 태동한 터였다. 그렇기에 바르셀로나로 떠난 그리즈만은 더 이상 아틀레티코에서 환영받을 수 없는 존재가 된 것이다.

무리해서 바르셀로나 이적을 감행하고, 리오넬 메시와 함께 뛰며 모든 대회를 섭렵하겠다는 꿈을 품은 그리즈만의 계획은 뜻대로 잘 이뤄지지 못했다. 바르셀로나는 네이마르가 떠난 이후 필리페 쿠티뉴, 우스만 뎀벨레, 그리즈만 영입 등에 거액을 썼지만 그 어떤 선수도 메시, 수아레스, 네이마르로 이어지는 MSN 트리오의 위력을 재현하지 못했다. MSN 설계자로 3시즌 동안 바르셀로나를 이끌며 두 번의 라리가 우승과 세 번의 코파델레이 우승, 챔피언스리그 우승과 클럽 월드컵 우승 등 모든 트로피를 들어올린 루이스 엔리케 감독이 떠난 이후에 차례로 부임한 에르네스토 발베르데 감독, 키케 세티엔 감독, 로날드 쿠만 감독은 모두 바르셀로나 암흑기의 상징이 됐다. 발베르데 감독은 그나마 두 차례 라리가 우승과 코파델레이, 수페르코파 데 에스파냐 우승을 이뤘으나, 코로나19 팬데믹 기간에 팀을 맡으면서 반년도 제대로 팀을 이끌지 못한 세티엔 감독, 네덜란드 대표팀 감독직을 박차고 부임한 로날드 쿠만 감독은 이렇다 할 성과를 내지 못했다.

반대로 루이스 수아레스가 아틀레티코 마드리드로 이적하고, 쿠티뉴가 떠난 이후 등번호 7번을 달게 된 그리즈만은 바르셀로나의 지지를 받으며 2020-21시즌 쿠만 감독 체제에서 라리가 36경기 출전 13득점 7도움으로 20개의 공격 포인트를 채웠고, 코파델레이 6경기에 나서 3득점 4도움을 몰아치며 바르셀로나에서의 유일한 우승을 이끌었다. 하지만 메시와 함께 뛰면서 기대만큼의 시너지를 내지 못해 아틀레티코 시절보다 빛나지 못한다는 평가를 받았다. 바르셀로나 구단의 재정 문제로 메시가 떠나면서 2021-22시즌에는 팀의 중심 선수로 자리 잡을 것으로 전망되었지만, 그는 이후 다시 한 번 충격적인 소식을 전했다. 그리즈만이 시즌 개막 전에 레알 소시에다드를 상대로 바르셀로나 입단 후 100번째 경기를 치른 뒤, '친정팀' 아틀레티코로 임대 후 완전 이적하는 내용의 계약을 체결한 것이다. 그리즈만은 자신의 프로 경력에서 가장 힘들었던 바르셀로나 시절을 직접 끝내기로 결심하고 아틀레티코 마드리드 복귀를 스스로 추진했다.

RENAISSANCE

02 미움받을 용기 : 아틀레티코 리턴

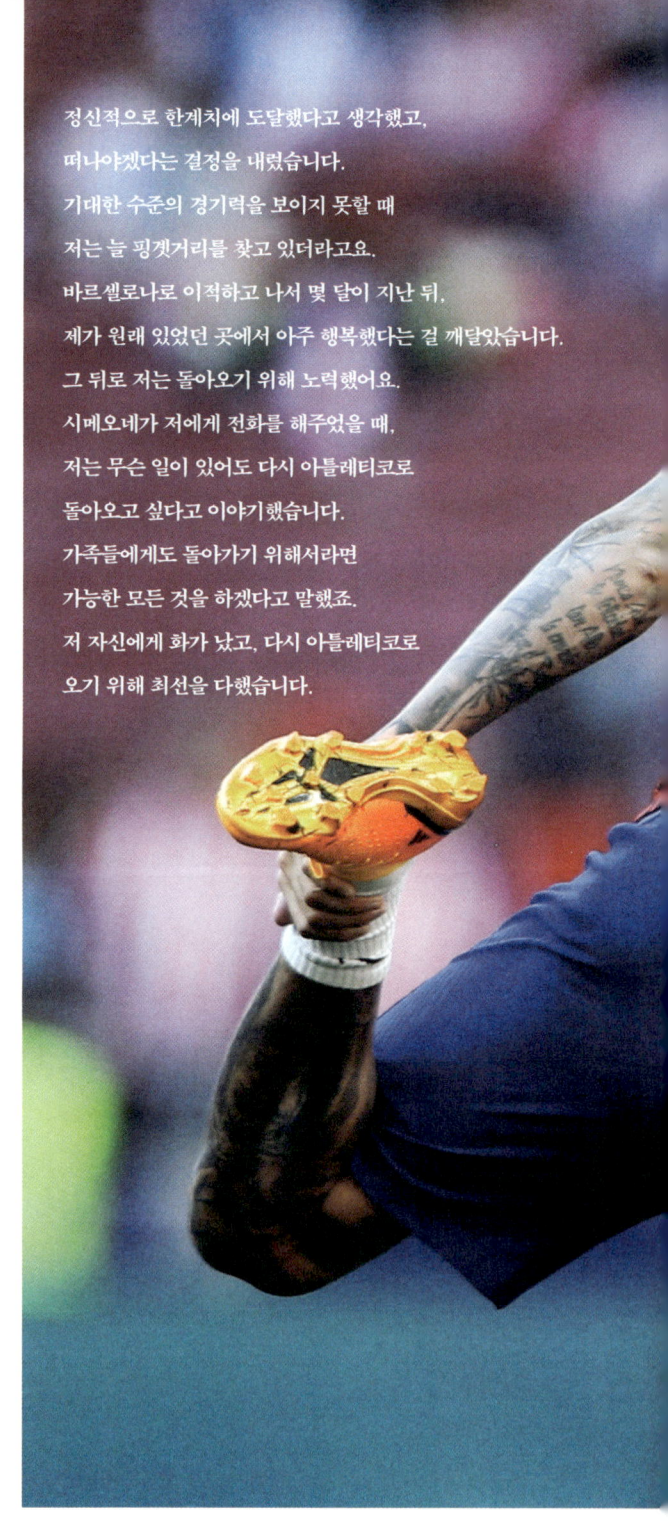

그리즈만이 바르셀로나로의 도전 과정에 아틀레티코 마드리드 팬들을 저버리고, 다시 아틀레티코로 돌아오기로 결심한 과정의 속마음을 고백한 것은 그가 클럽 역대 최다 득점자가 됐을 때였다. '디시전쇼'라 불린 자신의 다큐멘터리 영화 '라 디시지온'에서 바르셀로나 이적설을 뒤로 하고 아틀레티코에 잔류하겠다고 선언한 뒤, 1년 만에 바르셀로나로 '바이아웃 조항'을 통해 이적하자 아틀레티코 팬들은 그리즈만에게 배신감을 느꼈다. 그리즈만은 이 일로 그가 전성기를 바친 팀의 팬들에게서 예전과 같은 사랑을 받기 어려울 것이라는 점을 인정했다. 그럼에도 불구하고 다시 돌아가겠다는 쉽지 않은 결심을 했다.

아틀레티코를 떠난 지 1년 만에 저와 가장 가까운 사람들에게 아틀레티코로 돌아가고 싶다고 솔직하게 말했어요. 모두 어려울 것이라고 했죠. 팬들이 나를 원하지 않을 거라고요.

실제로 그랬다. 하지만 그리즈만의 진정성과 활약은 애정에서 증오로 바뀐 마음을 애증이 아닌 더 깊어진 사랑으로 바꾸는 데 성공했다. 물론, 미움받을 용기를 두 번이나 발휘한 그리즈만의 선택이 현실이 될 수 있었던 것은 그의 아버지와도 같은 시메오네 감독이 그를 품어준 결단이 있었기에 가능했다.
그리즈만과 시메오네는 아틀레티코의 클럽 역사에 두 번째 황금기를 완성한 주역이다. 이들이 들어 올린 트로피와 기록을 넘어 아틀레티코라는 클럽의 정신과 철학, 가치를 경기력으로 구현하며 클럽과 동일시되는 존재가 되었다. 그리즈만은 시메오네의 페르소나였고, 그리즈만 본인도 어린 시절 장단점이 뚜렷했던 자신을 '라리가 최고의 선수'로 성장시켜준 '멘토'가 시메오네 감독이라며 공개적으로 감사를 표해왔다.

정신적으로 한계치에 도달했다고 생각했고, 떠나야겠다는 결정을 내렸습니다. 기대한 수준의 경기력을 보이지 못할 때 저는 늘 핑곗거리를 찾고 있더라고요. 바르셀로나로 이적하고 나서 몇 달이 지난 뒤, 제가 원래 있었던 곳에서 아주 행복했다는 걸 깨달았습니다. 그 뒤로 저는 돌아오기 위해 노력했어요. 시메오네가 저에게 전화를 해주었을 때, 저는 무슨 일이 있어도 다시 아틀레티코로 돌아오고 싶다고 이야기했습니다. 가족들에게도 돌아가기 위해서라면 가능한 모든 것을 하겠다고 말했죠. 저 자신에게 화가 났고, 다시 아틀레티코로 오기 위해 최선을 다했습니다.

> 그리즈만을 다시 데려올 수 있는 기회가 주어진 순간에 다른 생각을 할 필요가 없었습니다. 앙투안은 우리에게 필요한 선수였으니까요. 물론 그가 다시 돌아왔던 시기에 어려운 시간도 있었지만, 앙투안은 이를 극복하기 위해 엄청난 노력을 했습니다. 앙투안은 결국 모든 것을 명확하게 만들고 이겨내는 선수라는 장점을 갖고 있습니다. 그리즈만과 함께 할 수 있었던 것은 감독으로서 행운이라고 할 수 있습니다.

_ 디에고 시메오네

레알 마드리드와의 경기든, 20위 팀과의 경기든, 혹은 2부리그 팀과의 경기라고 해도 시메오네 감독은 마치 '결승전인 것처럼' 선수들의 마음을 끓어오르게 하고, 동기 부여를 일으키는 말을 해줍니다. 아버지라는 단어는 많은 의미를 담고 있죠. 분명한 것은 시메오네 감독은 저에게 한계가 없다는 것을 진정으로 깨닫게 해준 사람이라는 거예요. 제가 최고에 도달할 수 있다는 자신감을 심어줬습니다. 그것은 축구 경기 안에서뿐 아니라 한 명의 사람으로서 삶을 살아가는 데도 정말 큰 도움이 되었습니다.

그리즈만은 프랑스 국적의 선수이며 아틀레티코 유소년 팀 출신 선수도 아니지만, 한 클럽의 최고의 레전드로 인정받는 데 있어 태어난 도시와 성장한 클럽이 꼭 중요한 것이 아니라는 것을 보여주는 대표적인 사례. 그리즈만은 아틀레티코 역대 최다 득점 기록을 세운 뒤에 자신의 기록을 깨는 선수의 등장을 고대한다는 말을 전했는데, 이때 본인 역시 그러한 마음을 가지고 있다는 것을 알 수 있었다. 그런 점에서 그리즈만은 단지 아틀레티코의 '최고의 외국인 용병'에 그치지 않으며, 아틀레티코 또한 그리즈만에게 단순히 좋은 직장에 불과하지 않음을 알 수 있다.

아틀레티코 마드리드 클럽 역사상 가장 많은 골을 넣을 선수가 되었다는 것은 꿈만 같은 일입니다. 결코 잊을 수 없는 기억으로 남을 것입니다. 무슨 일이 있어도 이 기록을 달성하고 싶었어요. 가능한 이 기록을 더 높이 쌓아가고 싶고, 미래에는 아틀레티코 아카데미에서 자란 누군가가 제 기록을 깨주었으면 좋겠습니다.

03 아틀레티코의 왕 : 메날두 이후 최고의 선수

2017년 여름 네이마르가 바르셀로나를 떠나 파리 생제르맹으로 이적했고, 2018년 여름에는 호날두가 레알 마드리드를 떠나 유벤투스로 향했다. 이때부터 라리가의 인기는 흔들리기 시작했다. 2020년 들이닥친 코로나19 팬데믹은 자체적인 샐러리캡 규정을 운영하던 라리가의 운영에 가장 큰 타격을 줬다. 관광 수익이 주 수입원이기도 한 스페인 경제 상황도 악화됐다. 바르셀로나는 스페인 노동법에 의거해 직전 연봉 절반 이상 삭감 계약이 불가능했기 때문에 샐러리캡 규정을 충족하지 못했고, 결국 2021년 여름에 계약이 만료된 메시를 어쩔 수 없이 떠나보내게 됐다. 메시가 파리 생제르맹으로 향하면서 라리가는 최고의 스타들을 차례로 잃었다.

물론 그 뒤로도 라리가는 유럽 축구 최고의 스타들을 품었다. 레알 마드리드는 카림 벤제마가 카를로 안첼로티 감독 2기 체제에서 '사상 최고의 9.5번 공격수'로 활약하며 챔피언스리그 우승을 이끌고 발롱도르를 수상했으며, 사생활 논란에도 불구하고 프랑스 대표팀에 복귀하는 상황까지 이어졌다. 호날두가 떠난 이후 영입한 스타 선수들이 거액의 이적료에 준하는 활약을 보이지 못하자 10대의 유망주를 입도선매하며 리빌딩 방식을 바꾼 레알 마드리드는 브라질의 비니시우스, 우루과이의 페데 발베르데의 잠재력을 극대화하며 새로운 스타를 얻었고, 거액을 투자해 주드 벨링엄을 영입했다. 벤제마가 사우디로 향한 이후 '가짜 9번 전술'로 재미를 보기도 했다.

하지만 그 누구도 '메날두 시대'의 화려함과 라리가 전체를 선도하는 영향력을 보여주지 못했다. 심지어 2024-25시즌, 마침내 자신의 드림 클럽 레알 마드리드와 계약한 프랑스 스타 킬리안 음바페조차 전반기 내내

부진론에 시달리며 시행착오를 겪었고, 적응기가 필요했다. 이때 절대자가 사라진 라리가에서 왕의 칭호를 얻은 주인공은 그리즈만이었다. 단지 오랫동안 라리가 무대에서 활약한 선수라서가 아니다. 스페인 프로축구 라리가가 대표하고 상징하는 기술 축구를 가장 완벽하게 구현하며 결과를 내고 있는 선수이기 때문이다. 그리즈만은 '축구 도사'라는 표현이 걸맞은 한 차원 위의 선수로 여겨지며 상대 팀 선수와 팬들의 존중까지 얻는 수준에 이르렀다.

수도 마드리드 지역을 기반으로 운영되는 스페인 전국 4대 스포츠 신문 '아스'는 레알 마드리드 소식을 주로 다루는 매체다. 아스는 2024년 12월 10일자 신문을 통해 그리즈만에게 '라리가의 왕(El rey de La Liga)'이라는 칭호를 선사했다. 아스의 세르히오 피코스 기자가 세비야전 역전극을 이끈 그리즈만의 활약을 정리하며 쓴 기사는 무려 16년 동안, 자신의 모든 커리어를 라리가에서 보내고 있는 그리즈만에 대한 헌사에 가깝다.

라리가의 왕 그리즈만

이 프랑스 축구 선수는 여전히 굳건합니다. 2015년 이후 유럽 최고 리그 중 자신의 팀에서 그리즈만보다 더 많이 결승골을 넣은 선수는 없습니다. '어린 왕자'는 이제 '왕'이 되어 타이틀을 원합니다.

아틀레티코에서 앙투안 그리즈만의 모습은 영원히 기억될 것입니다. 그의 유산은 이미 강렬히 기억에 남았지만, 프랑스 팬들은 그것이 영원하기를 원합니다. 그리고 그의 큰 목표는 눈부신 개인 기록에 타이틀을 추가하는 것입니다. 이를 위해 그는 자신의 트로피 캐비닛에 첫 번째로 추가될 '라리가 우승'을 위해 싸우겠다는 목표를 가지고 팀을 이끌고 있습니다. 챔피언스리그에서도 마찬가지입니다.

그리즈만은 세비야를 상대로 1-3으로 크게 뒤진 최악의 순간에도 팀에 힘을 실어주었습니다. 가장 치열할 때야말로 리더가 등장할 타이밍입니다. 그리즈만이 바로 그 리더입니다. 경기장과 라커룸에서 팬들과 동료들의 사랑을 한 몸에 받는 그는, 잠시 아틀레티코의 적이 되었지만 용서를 받고 더 위대한 선수가 되었습니다. 아틀레티코는 그리즈만의 활약으로 세비야에 4-3 역전승을 거뒀습니다. 바르셀로나, 레알 마드리드와 우승 경쟁이 본격화되도록 만든 승리였습니다. 지금 라리가의 온도는 그 어느 때보다 뜨겁습니다.

그리즈만은 이미 아틀레티코 유니폼을 입고 190골을 넣었는데, 클럽 역대 최다 득점 2위 루이스 아라고네스보다 17골이나 많은 기록입니다. 어린 왕자였던 그리즈만은 이제 모든 공격과 수비 지원에 최선을 다하는 '폰pawn의 옷을 입은 왕'이 되었습니다. 최고의 선수가 그렇게 땀을 흘리면 모든 팀원이 그 뒤를 따르게 됩니다. 귀감이 되는 리더 그리즈만은 선수들과 함께 진흙탕에 빠지는 것을 두려워하지 않으며, 훌리안 알바레스 영입을 통해 이상적인 파트너까지 찾았습니다. 서로를 이해하고 어시스트를 공유하며 호흡을 맞출 수 있는 아르헨티나 공격수 알바레스가 합류하면서, 그리즈만은 왕좌를 차지할 준비를 마쳤습니다. 하지만 이를 위해서는 아직 험난한 여정 또한 남아 있습니다.

2026년까지 계약이 남아 있는 그리즈만은 33세의 나이에도 여전히 라리가와 세계 축구계에서 가장 큰 스타 중 한 명입니다. 그리즈만은 아틀레티코에 집중하기 위해 프랑스 대표팀에서 은퇴를 결정했습니다. 그리고 최근의 국가대표 휴식기가 그리즈만에게 좋은 영향을 미쳤습니다. 세비야를 상대로 터뜨린 그리즈만의 골은 라리가 역사상 승점 131점을 안긴 기록이 되었습니다. 미스터 칩의 데이터에 따르면 이 수치는 라리가 역사상 메시(221점), 라울(142점), 호날두(132점)만이 앞선 기록이고, 호날두와는 겨우 1점 뒤진 상태입니다.

그리즈만은 지난 10시즌 동안 유럽 빅리그에서 가장 많은 결승골을 넣은 선수입니다. 32골을 넣었는데 그중 29골은 아틀레티코에서, 3골은 바르사에서 기록했죠. 이런 대단한 역사를 만든 선수이지만 아틀레티코에서 뛰고 있다는 이유로 그에 걸맞은 인정을 받지 못하고 있을 수도 있습니다. 스포트라이트는 더 큰 무대, 더 큰 팀에게 쏠리곤 합니다. 2018년 발롱도르를 수상하지 못한 것도 결국 아틀레티코가 다른 클럽들처럼 스포트라이트를 받지 못했기 때문입니다. 하지만 그리즈만의 수준은 그 어떤 동시대 선수보다 더 중요하게 여겨져야 하고, 그의 업적은 여전히 미완성 상태입니다. 아틀레티코는 리더 그리즈만이 지금 커리어의 정점에 있다고 믿고 있습니다. 시메오네 감독은 그리즈만이 특별한 재능을 가진 선수이며, 우리는 모두 그를 매우 사랑한다며 공개적인 자리에서 진심을 밝히기도 했습니다. 그리즈만의 모든 경기가 축구에 대한 찬가인데 어떻게 그를 사랑하지 않을 수 있을까요?

2024년 12월 10일 아스
세르히오 피코스 기자

그리즈민은 과묵한 리더이지만,
저는 그가 말보다 행동으로 보여주는 모습이 좋습니다.
공이 자신에게 오면 어떻게든 이 경기를 이기겠다는 자세가
바로 팬들이 생각하는 그리즈만입니다.

_ 후안프란 전 아틀레티코 마드리드 풀백

상대 팀 팬들의 기립 박수를 받다

축구는 전쟁인 동시에 축제다. 축제의 나라 스페인에서는 축구의 미학적 가치가 특히 높이 인정받는다. '외계인' 호나우지뉴가 산티아고 베르나베우에서 경이로운 플레이로 레알 마드리드를 상대로 득점하며 바르셀로나의 승리를 이끌었을 때, 레알 마드리드 팬들은 호나우지뉴를 향해 야유와 욕설이 아닌 경의를 표하는 기립박수를 보내 화제가 되었다. 그리즈만도 마찬가지로 적진에서 기립 박수를 받은 일이 있다.

2024년 11월 30일 토요일, 아틀레티코 마드리드가 레알 바야돌리드와 2024-25시즌 라리가 15라운드 원정 경기에서 5-0 대승을 거뒀을 때 바야돌리드 팬들은 절망감을 느꼈다. 하지만 자신의 선수단에 불만을 표출하는 대신 그리즈만을 향한 경의로 그 심정을 대신했다. 26분 클레망 랑글레의 선제골에 이어 35분 훌리안 알바레스의 추가골, 그리고 37분 로드리고 데 폴의 골로 전반전이 3-0으로 끝났을 때 이미 결과는 정해진 분위기였다. 침묵이 가득한 소리야 경기장이 뜨거워진 것은 그리즈만이 후반 시작 7분 만인 52분에 경이로운 플레이로 득점을 한 순간이었다. 시메오네 감독의 친아들인 줄리아노 시메오네가 오른쪽 측면에서 돌파에 성공한 뒤 중앙 지역으로 침투해 들어온 그리즈만에게 패스를 했다. 그리고 그리즈만은 두 명의 수비수가 자신의 막기 위해 달려들자, 왼쪽에 기다리고 있던 알바레스에게 짧게 공을 내줬다. 알바레스는 그리즈만이 다시 공을 받기 위해 전진하자 주저 없이 리턴 패스를 내줬다. 그리즈만은 이 한 번의 터치로 두 명의 수비를 벗겨내고, 다시 침투해 알바레스에게 붙어 있던 두 명의 무력화하며 패스를 이어받았다. 하지만 바야돌리드의 수비 한 명이 아직 남아있었다. 발을 뻗어 공을 빼내려는 시도를 그리즈만은 등을 지켜 공을 지키는 척하면서 템포를 죽이지 않고 빙글 돌아 다시 골문을 마주 보는 놀라운 기술을 선보이며 뚫어냈다. 극도로 좁은 공간, 급박한 상황임에도 발 뒤꿈치로 공을 돌려 빼내 180도 회전하면서 골키퍼와 1대1 상황을 마주한 것이다. 하지만 그리즈만은 골키퍼가 각을 좁히고 달려들어 공을 덮치려는 마지막 고비마저도 왼발 칩샷으로 공을 가볍게 찍어 넘겨 마무리했다. 골키퍼의 키를 넘긴 슈팅은 골문을 향해 마지막까지 몸을 던진 또 다른 수비수까지 바보로 만들며 골문 구석으로 빨려 들어갔고, 환상적인 골로 마무리됐다.

스페인 바르셀로나 지역 기반 전국 스포츠 신문 '문도 데포르티보'는 이날 그리즈만의 골이 한 편의 예술 작품과도 같았다며 찬사를 보냈다. 그리고 바야돌리드 팬들이 이 골이 터지자 일제히 자리에서 일어나 기립박수를 보낸 상황을 사진과 현장 취재 기사를 통해 전했다. 우리 팀을 패배의 수렁에 빠뜨린 선수를 향해 'Golazo(대단한 골이라는 스페인어 표현)'를 외치며 박수를 보내는 것은, 단지 응원하던 홈팀 선수들에게 경각심을 주려는 의도만은 아니었다. 그야말로 진정한 의미에서 축구에 대한 존중, 그리고 '라리가의 왕' 그리즈만에 대한 존경을 담은 행동이었던 것이다.

04 클럽 역사상 최고의 선수 : 마지막 불꽃

팬들의 마음속 깊은 곳에서 존경을 받는 레전드는 이를 역사가 인정할 수 있는 객관적인 기록이 필요하다. 앙투안 그리즈만은 아틀레티코 마드리드 역사상 최고의 선수이자, 레전드 중의 레전드로 불리기 손색이 없는 역사와 업적을 만들었다. 2014년 8월, 레알 소시에다드에서 아틀레티코 마드리드로 이적한 뒤, 그해 9월 16일 공식 데뷔전을 치른 그리즈만은 당시 UEFA 챔피언스리그 조별리그 1차전 경기의 선발 명단이 아닌 벤치 대기 선수로 나섰다. 팀이 1-2로 지고 있던 56분에 교체 투입되었고, 20여 분 만에 공식 데뷔골을 터트렸다. 아틀레티코의 새 시대를 알린 메트로폴리타노 경기장 개장 후 공식 첫 골의 주인공 역시 그리즈만이었다. 그리고 2017년 9월 16일, 공교롭게도 그의 아틀레티코 데뷔전이 열린 지 정확히 3년 뒤 말라가와 치른 라리가 경기에서도 그리즈만은 득점에 성공했다. 아틀레티코에 도착한 프랑스의 어린 왕자로 불린 그리즈만은 이제 프랑스 출신 외국인 공격수가 아닌, 아틀레티코의 왕이자 라리가의 왕좌의 주인공으로 인정받았다. 2024년 1월 10일, 레알 마드리드와 마드리드 더비로 치른 수페르코파 데 에스파냐 준결승전에서 터트린 174호 골로 루이스 아라고네스가 50년 가까이 유지해 온 '클럽 역사상 최다 득점' 기록을 경신하며 새 역사를 썼다. 앞서 2023년 12월 헤타페와 라리가 경기에서 후반 추가 시간 동점골을 포함하여 극적인 3-3 무승부를 이끌어 낸 득점으로 아라고네스의 역대 최다 득점 기록과 타이를 이룬 지 2주도 채 되지 않아 만들어 낸 타이틀이었다. 루이스 아라고네스는 선수로서, 그리고 감독으로서도 아틀레티코는 물론 스페인 축구의 레전드로 추앙받는 인물이다. 1976-77시즌 아틀레티코의 라리가 우승, 스페인의 유로2008 우승을 이끈 명장으로도 유명하지만, 한때는 최고의 골잡이로도 한 시대를 풍미했다. 그리즈만은 그 후로도 1년 뒤에 20골을 더 추가하며 자신이 보유한 아틀레티코 마드리드 역대 최다 득점 기록을 경신해 나갔다. 이제 아틀레티코 선수 최초의 200호 골을 달성하는 것은 시간 문제다.

GOALS

역대 최다 득점

불멸의 전설(傳說)

아틀레티코 마드리드 역대 최다 기록 보유자 **3人**

▼ 득점 | ▼ 리그 득점

득점	리그 득점	국가 / 선수 / 기간
197	136	FRANCE 앙투안 그리즈만 *2014-2019, 2021-*
173	123	SPAIN 루이스 아라고네스 *1964-1974*
169	150	SPAIN 아드리안 에스쿠데로 *1945-1958*
158	144	SPAIN 파코 캄포스 *1940-1947*
136	109	SPAIN 호세 에울로히오 가라테 *1966-1988*

출전	리그 출전	국가 / 선수 / 기간
684	485	SPAIN 코케 *2009-*
553	401	SPAIN 아델라르도 로드리게스 *1959-1976*
495	369	SLOVENIA 얀 오블라크 *2014-*
483	367	SPAIN 토마스 레뇨네스 *1984-1996*
470	371	SPAIN 엔리케 코야르 *1952-1969*

▲ 출전 | ▲ 리그 출전

GAMES

역대 최다 출전

Luis ARAGONÉS

경기장을 지배한 사령관 그리고 클럽의 정신

루이스 아라고네스는 선수와 감독으로 아틀레티코 마드리드를 상징하는 인물이다. 1964년부터 1974년까지 10년간 선수로 활약하며 라리가 3회(1965-66, 1969-70, 1972-73), 코파델레이 2회(1964-65, 1971-72)를 들어 올렸고, 1974년 유러피언컵 결승전에서는 프리킥 선제골을 기록했다. 1969-70 시즌에는 16골로 라리가 공동 득점왕에 오르며 미드필더로서도 탁월한 득점력을 보여줬다. 공식 경기 기준으로 아틀레티코 역사상 두 번째로 많은 172골을 넣은 전설적인 공격형 미드필더다. 그라운드 위의 아라고네스는 정교한 킥과 넓은 시야를 바탕으로 팀의 공격을 조율하는 전통적인 '10번'이었다. 프리킥과 페널티킥의 스페셜리스트로, 경기 흐름을 읽고 바꾸는 데 능했고, 단순한 플레이메이커가 아니라 경기의 맥을 짚고 결정적인 순간에 스스로 해결할 수 있는 사령관형 선수였다. 선수 은퇴 후 곧바로 아틀레티코의 감독으로 데뷔하여 라리가(1976-77), 코파델레이 3회, 수페르코파, 인터콘티넨탈컵 우승 등 수많은 트로피를 안겼다. 총 757경기를 지휘한 그는 훗날 스페인 대표팀 감독으로 유로 2008 우승을 이끌며 전설의 반열에 올랐다. 단순한 승리보다 팀의 철학과 정신을 구현한 인물로, 오늘날까지도 아틀레티코 팬들의 존경을 받고 있다.

Adrián ESCUDERO

공간을 읽는 골잡이 아틀레티코의 최다 득점자

아드리안 에스쿠데로는 1945년부터 1958년까지 13시즌 동안 아틀레티코 마드리드에서만 활약한 원클럽맨이다. 리그 통산 150골을 기록하며 현재까지도 아틀레티코의 라리가 최다 득점자로 남아 있으며, 공식전 전체 기록으로도 169골을 넣어 구단 역대 득점 3위에 올라 있다. 1949-50, 1950-51 시즌 라리가 2연패를 이끌었고, 1953년에는 아틀레티코의 리그 1000번째 골을 기록하는 상징적인 순간의 주인공이기도 했다. 에스쿠데로는 체격이나 속도에 의존하기보다는 박스 안에서의 날카로운 위치 선정과 정확한 마무리 능력으로 수많은 골을 만들어낸 스트라이커였다. 수비 뒷공간을 읽는 센스, 동료와의 연계 플레이, 결정적인 순간에 침착하게 해결하는 골 감각이 뛰어났다. 그라운드 위에서 화려하진 않았지만, 언제나 효율적이고 치명적인 무기였다. 유명한 '비단의 공격진'과 '유리의 공격진'의 일원으로 아틀레티코 전성기의 공격을 이끈 그는, 클럽의 득점 역사에서 상징적인 이름으로 남아 있다. 뛰어난 득점력은 물론, 한 팀에 대한 충성심과 꾸준함에서도 아틀레티코를 대표하는 인물로 손꼽힌다.

Adelardo RODRÍGUEZ

553경기의 헌신 중원을 지배한 리더

아델라르도 로드리게스는 1959년부터 1976년까지 17시즌 동안 아틀레티코 마드리드의 중심 미드필더로 활약한 선수다. 총 553경기에 출전해 구단 역사상 두 번째로 많은 출전 기록을 남겼고, 그중 401경기는 라리가에서의 기록이다. 통산 113골(리그 73골)을 넣었으며, 중원에서의 헌신과 기술을 동시에 갖춘 선수로 평가받는다. 그의 플레이 스타일은 단단한 체력과 기술, 판단력에 바탕을 둔 전형적인 박스 투 박스 미드필더였다. 빌드업을 주도하면서도 수비 상황에선 거칠 것 없이 몸을 던졌고, 공격 상황에선 날카로운 중거리슛이나 공간 침투로 위협적인 장면을 자주 만들었다. 수비와 공격을 넘나들며 팀 전술의 허리를 지킨, 그야말로 다재다능한 중원 사령탑이었다. 클럽 커리어에서는 라리가 3회(1965-66, 1969-70, 1972-73), 코파델레이 5회, 유럽대항전 첫 우승인 1962년 UEFA 컵 위너스컵, 그리고 1974년 인터콘티넨탈컵 우승까지 포함해 국내외에서 총 10개 이상의 주요 트로피를 들어올렸다. 아틀레티코의 유럽 무대 초창기 전성기를 이끈 핵심 인물이었다. 스페인 대표팀에서도 월드컵 두 차례(1962, 1966)에 참가했고, 총 14경기에서 2골을 기록했다. 데뷔전에서는 브라질을 상대로 득점을 기록하는 등 인상적인 활약을 펼쳤다. 클럽과 국가를 넘나들며 1960~70년대 스페인 축구 중원의 상징으로 자리 잡았고, 은퇴 후에도 구단 행사와 지역 사회 활동에 꾸준히 참여하며 구단과의 인연을 이어갔다.

EPILOGUE

그리즈만이 아틀레티코이고
아틀레티코가 그리즈만이다

아틀레티코 마드리드가 유럽에서 나의 마지막 클럽이 될 것입니다.

아틀레티코 마드리드와 2026년 여름까지 계약한 그리즈만은 30대 중반을 향해가는 나이에 마지막 미션인 UEFA 챔피언스리그 우승을 목표로 하며 이 말을 남겼다. 결국 2023-24시즌에도 챔피언스리그 우승의 꿈을 이루지 못한 가운데 프랑스 대표팀과 치른 마지막 메이저 대회, 유로2024에 소집되어 프랑스 기자들이 '이적설'에 대해 질문하자 그리즈만은 피하지 않고 솔직하게 말했다.

다른 클럽의 제안을 받은 것은 사실입니다. 하지만 제가 유럽 커리어를 마무리하고 싶은 클럽은 오직 아틀레티코입니다. 다시 아틀레티코로 돌아와 팬들의 마음을 돌리고, 인정받기 위해 많은 노력을 했습니다. 아틀레티코가 제가 있고 싶은 곳이고, 유럽에서 마지막을 보내고 싶은 팀입니다.

유로2024 대회 이후 프랑스 대표 선수로 은퇴하며 다시금 최고의 축구를 선보이기 시작한 그리즈만은 은퇴 전 자신이 사랑하는 미국 프로 농구 NBA를 현지에서 즐기며 프로 축구선수로 경력의 마지막 시기를 보내고자 하는 의지를 여러 차례 공개적으로 이야기해 왔다. 리오넬 메시가 황혼기를 보내고 있는 미국메이저리그사커MLS 무대에 도전하고 싶은 의지를 밝힌 것이다. 그리즈만은 사우디아라비아 클럽의 거액 연봉 제안이나 고국 프랑스의 파리 생제르맹PSG의 유혹도 있었지만, 적어도 유럽 내에서는 아틀레티코를 향한 의리와 애정, 마지막 도전에 있어서는 돈보다 환경과 꿈을 우선시했다.

사우디아라비아 이적을 선택한 선수들의 결정을 이해합니다. 그야말로 엄청난 액수의 돈입니다. 물론 축구선수들은 이미 많은 돈을 벌고 있지만, 누군가는 그들의 아이와 손자들, 그리고 가족들을 위해 결정할 수 있고, 이런 행동은 지극히 일반적인 일이라고 생각합니다. 모두 잘하는 선수들이고, 자신의 재능을 증명할 의무가 있죠. 저도 사우디아라비아로 갈 생각이냐고요? 저 역시 가족이 있고, 아이도 세 명이나 있다는 것을 생각하면 결정하기 어려운 문제입니다. 하지만 여러분 모두 아시다시피 저의 다음 목표는 MLS입니다.

이전에 바르셀로나 소속으로 일본 투어 경기를 치르던 당시, 팀 동료 우스만 뎀벨레와 일본인 호텔 직원에 대해 인종 차별적 발언을 한 것으로 논란이 됐던 그리즈만은 2023년 7월 쿠핑플레이 시리즈로 열린 아틀레티코 마드리드와 맨체스터 시티의 서울 맞대결에 참가하며 좋은 인상을 남기고 돌아갔다. 많은 한국 팬의 환대와 환호에 적극적으로 부응하고, 소탈하면서도 친근한 팬 서비스로 내한 경기 이후 그리즈만과 아틀레티코 마드리드의 인기는 높아졌다.

한국은 많이 덥고 습했지만 우리 선수들이 이를 변명으로 삼아서는 안 된다고 생각합니다. 경기장은 팬들로 가득 찼고, 가능한 한 빠르게 적응해서 좋은 경기를 하고 싶습니다. 많은 한국 팬과 함께 할 수 있어서 영광이고 기쁘네요. 한국에서 제 유니폼을 들고 있는 수많은 팬을 보니 벅차고, 그들은 저에게 자부심과 행복감을 주었습니다.

프랑스 정론지 '레퀴프'의 보도에 따르면 그리즈만 영입을 가장 적극적으로 추진하고 있는 미국 MLS 클럽은 로스앤젤레스LA FC다. 이미 프랑스 대표 출신 공격수 올리비에 지루와 골키퍼 위고 요리스를 영입했고, 리오넬 메시와 조르디 알바, 세르히오 부스케츠, 루이스 수아레스 등 전 FC 바르셀로나 선수들의 활약으로 챔피언으로 등극한 인터 마이애미(데이비드 베컴이 공동 구단주로 운영하고 있다)의 대항마로 기대를 받고 있다. 실제로 LA FC는 그리즈만에게 메시 다음으로 리그 연봉 규모가 큰 선수로 특급 계약을 맺고 그를 중심으로 팀을 재구축 하겠다는 프로젝트를 제안한 것으로 알려졌다. 그리즈만의 미국행 소문이 지속되는 가운데 아틀레티코 마드리드의 엔리케 세레소 회장은 공개 석상에서 의미심장한 말을 남겼다.

그리즈만이 아틀레티코 마드리드에서 보낼 마지막 시즌이 언제가 될지는 알 수 없어요. 심지어 제가 언제 아틀레티코에서 마지막 시즌을 보낼지도 모르는 일이니까요. 다만, 제가 말씀드릴 수 있는 것은 그리즈만이 아틀레티코 마드리드에 아주 중요한 선수라는 것입니다. 그리즈만은 아틀레티코뿐 아니라 유럽 축구 전체에 있어서 아주 중요한 선수입니다. 전 그리즈만이 유럽 최고의 선수 다섯 손가락 안에 든다고 생각합니다. 위대한 선수이자, 진정한 아틀레티코의 정신을 가지고 있는 선수죠. 그리즈만은 지금 이 순간에도 아틀레티코의 성공과 승리를 위해 최선을 다하고 있습니다. 그리즈만과 같은 선수가 클럽에 있다는 것이 우리의 자부심이자 행복입니다.

2026년 여름까지 아틀레티코와 계약되어 있는 그리즈만이 만약 2025년 여름 미국행을 결정한다면 아틀레티코의 동의와 이적료 협의가 필요하다. 하지만 아틀레티코가 그의 잔류를 원한다면 '클럽 최고의 레전드' 그리즈만에게 잔여 계약을 무기로 줄다리기하는 것이 아니라 그의 마음을 돌리기 위한 설득에 나설 것이라는 이야기가 나왔다.

그리즈만은 2024-25시즌 라리가 통산 520경기 출전, 198득점 대기록을 달성했다. 이를 통해 리오넬 메시가 종전에 보유하고 있던 라리가 역사상 외국인 선수 최다 출전 기록을 깼고, 라리가 역사상 최다 출전 8위로 등극했다. 아틀레티코 역사상 최다 득점자이자, 라리가 외국인 선수 중 최고의 선수 중 한 명으로 꼽히지만, 그에겐 라리가 우승 타이틀이 없다. 그리고 아틀레티코는 아직 UEFA 챔피언스리그 우승이라는 숙원을 이루지 못했다. 2024-25시즌, 아틀레티코는 구단 역사상 최다 연승 기록(15경기)을 경신하며 레알 마드리드와 바르셀로나의 양강 체제에 다시 균열을 만들었고, 통산 13번째 라리가 우승의 희망을 마지막까지 이어갔다. 그러나 바르셀로나는 원정에서 2-1로 승리한 경기를 포함해 리그 10연승으로 우승권에 가까워졌지만, 아틀레티코는 시즌 중반까지 제3의 전성기가 왔다는 평가를 받던 그리즈만의 활약이 떨어지면서 팀의 경기력과 성적도 함께 떨어졌다.

결국 리그 최종 순위는 바르셀로나, 레알 마드리드에 밀린 3위로 마무리할 수밖에 없었다. 또한 코파델레이 4강 바르셀로나와 1차전 원정 경기 결과는 4-4로 접전을 이뤘으나, 2차전 홈 경기는 0-1 패배로 탈락했다. 36개 팀이 참가해 새로운 형식으로 개편된 UEFA 챔피언스리그에서는 파리 생제르맹과 원정 경기 2-1 승리, 샤비 알론소 감독이 이끄는 '독일 챔피언' 바이엘 레버쿠젠과 홈경기 2-1 승리 등을 이루며 리그페이즈 5위로 16강에 올랐으나, 하필이면 레알 마드리드를 만나면서 승부차기에서 논란의 판정 끝에 탈락하고 말았다. 트레블까지 노렸지만, 결과는 무관이었고, 아마 그리즈만이 라리가 우승이나 챔피언스리그 우승으로 대미를 장식했다면 그대로 2026년 여름 아틀레티코를 떠나 미국으로 향했을 가능성이 크다.

하지만 커리어의 남은 퍼즐을 채우지 못하고 떠날 수는 없었다. 디에고 시메오네 감독은 그리즈만을 설득했다. 2025-26시즌, 아무래도 나이 문제로 출전 시간 조율이 필요한 그리즈만에게 제한된 로테이션 자원 내지 조커 역할을 부탁했고, 그리즈만은 이를 수락했다. 심지어 라리가 샐러리캡 규정 문제를 해결하기 위해 800만 유로에 해당하는 잔여 1년 계약 연봉을 400만 유로로 절반 삭감한 조건으로 2027년 여름까지 연장 계약을 체결했다. 전적으로 아틀레티코를 위해 본인의 재정 조건을 양보한 결단을 내린 것이다. 스페인 언론의 보도에 따르면 그리즈만은 아틀레티코와 2027년 여름까지 계약을 연장했으나 2026년 여름, 잔여 계약 1년을 남기고 아틀레티코에 이적료 수익을 안겨주며 미국 무대로 향할 예정이다. 잔여 1년 연봉은 아틀레티코의 샐러리캡 조항 외 급여 지급으로 구단의 선수 보강에 영향을 주지 않게 했다.

그리즈만은 아틀레티코 마드리드의 역사이자, 클럽을 상징하는 선수다. 어쩌면 프랑스 대표팀보다, 라리가, 그리고 아틀레티코가 그리즈만의 커리어를 대표한다. 그리즈만이 아틀레티코이고, 아틀레티코가 그리즈만이라고 표현해도 결코 과하지 않다. 2024-25시즌이 아쉽게 끝난 직후 아틀레티코와 맺은 그리즈만의 연장 계약은 과거 우승을 위해 아틀레티코를 떠나며 팬들에게 남겼던 상처를 치유해 준 감동의 결정이었다. 그리고 이제 그리즈만은 2025-26시즌, 아틀레티코에서의 진정한 라스트 댄스를 준비하고 있다.

우리는 축구를 하면서 충분히 많은 실패와 좌절을 겪어 왔습니다. 하지만 그게 축구이기에, 우린 늘 열심히 노력해야 합니다. 모든 경기가 특별하고 힘들기 때문에, 우승으로 가는 길이라면 어떤 대회이든, 어떤 팀을 상대하든 어렵습니다. 하지만 우리 선수단은 꿈을 꾸며 계속 훈련하고, 이겨내야 합니다. 단순히 기록만 생각하는 것이 아니라, 어떻게 개선할 수 있을지, 우리가 할 수 있는 일을 해야 합니다. 매 시즌의 목표는 계속 꿈을 꾸는 것입니다.

2025년, 그리즈만이 조심스럽게, 입밖으로 꺼내지 않은 '그 꿈'이 무엇인지는 분명하다.

Antoine Griezmann

1ST PUBLISHED DATE 2025. 7. 25

AUTHOR Sunsoo Editors, Han June
PUBLISHER Hong Jungwoo
PUBLISHING Brainstore

EDITOR Kim Daniel, Lee Eunsu, Park Hyerim
DESIGNER Champloo, Lee Yeseul
MARKETER Bang Kyunghee
E-MAIL brainstore@publishing.by-works.com
BLOG https://blog.naver.com/brain_store
INSTAGRAM https://instagram.com/brainstore_publishing
PHOTO Getty Images

ISBN 979-11-6978-058-2 (03690)

Copyright © Brainstore, Han June, 2025
All rights reserved.
Reproduction without permission is prohibited.

ANTOINE GRIEZMANN